Les cosmétiques, la mode et l'exploitation des femmes

Les cosmétiques, la mode et l'exploitation des femmes

•

MARY-ALICE WATERS

•

JOSEPH HANSEN

•

EVELYN REED

PATHFINDER

NEW YORK LONDRES MONTRÉAL SYDNEY

Rédaction : Mary-Alice Waters

Responsable de l'édition française : Michel Dugré

ISBN 978-1-60488-195-0
Numéro de contrôle de la Bibliothèque du Congrès / Library of
Congress Control Number 2025931173
Imprimé aux États-Unis
Manufactured in the United States of America

Premier tirage 2025

IMAGES DE LA COUVERTURE :

EN HAUT : Détail d'une couverture du magazine *Vogue* (Pierre
Mourgue, 1928)

EN BAS : Topeka, Kansas, mai 2021. Manifestation à l'usine Frito-
Lay pour obtenir la fin des semaines de travail de 84 heures, de
meilleures conditions de travail et des salaires plus élevés, alors que
la section locale 218 du Syndicat des travailleurs de boulangerie se
préparait à la grève. Dans la bataille acharnée, réglée en juillet 2021,
les travailleurs ont obtenu des gains, notamment sur la question
décisive des horaires de travail. (Evert Nelson / USA Today Network
via Imagn Images)

CONCEPTION GRAPHIQUE DE LA COUVERTURE : Toni Gorton

PATHFINDER
pathfinderpress.com
Courriel : pathfinder@pathfinderpress.com

TABLE DES MATIÈRES

PHOTOS ET ILLUSTRATIONS

MARY-ALICE WATERS

Mary-Alice Waters, une dirigeante de longue date du Parti socialiste des travailleurs (SWP), est membre du Comité national et du Comité politique du SWP depuis 1967. Elle est la présidente des éditions Pathfinder depuis 1992.

Elle a été attirée par les luttes ouvrières et socialistes alors qu'elle était étudiante à l'université Carleton au début des années 60. La bataille qui a renversé le système de ségrégation de Jim Crow, menée par des travailleurs du Sud qui étaient Noirs, explosait alors aux États-Unis. Parallèlement, les travailleurs à Cuba, sous la direction de Fidel Castro, approfondissaient la première révolution socialiste dans les Amériques. Elle s'est jointe à d'autres étudiants de l'université pour construire ce qui a été pendant un temps le plus important Comité fair play pour Cuba sur un campus.

Alors qu'elle étudiait à Paris en 1961-1962, Mary-Alice Waters a participé aux grandes manifestations en faveur de l'indépendance de l'Algérie et elle a observé directement la violence fasciste d'un corps de police de « sécurité » très détesté, les CRS, qui soutenait les officiers militaires cherchant à renverser le gouvernement français et à préserver la domination coloniale en Algérie. À son retour aux

11

États-Unis, elle a adhéré à l'Alliance des jeunes socialistes en 1962. Elle en a été la secrétaire nationale (1966), puis la présidente (1967-1968).

Mary-Alice Waters a adhéré au Parti socialiste des travailleurs en 1964. Elle a été rédactrice en chef du *Militant* de 1969 au début des années 70, du magazine *Intercontinental Press* en 1979-1981 et de la revue *New International* depuis 1983.

Un mouvement de libération des femmes a surgi dans la vie politique à la fin des années 60 dans le cadre de la radicalisation générale de cette époque. Depuis lors, Mary-Alice Waters a été une participante et une dirigeante du travail du SWP dans cette lutte. Elle a beaucoup voyagé, tant au niveau national qu'international, pour prendre la parole sur les origines de l'oppression des femmes et la raison pour laquelle la lutte pour l'éliminer est indissociable de la lutte de la classe ouvrière pour mettre fin à l'exploitation et à l'oppression capitalistes, c'est-à-dire pour la révolution socialiste.

Dans les années 70, en tant que membre fraternelle de l'instance dirigeante de la Quatrième Internationale, Mary-Alice Waters a dirigé la lutte pour convaincre la majorité de ses sections nationales de soutenir la nouvelle vague de luttes des femmes contre les conditions économiques et sociales, les préjugés et les lois qui déterminent le statut de seconde classe des femmes dans la société capitaliste partout dans le monde.

Elle a également joué un rôle central dans le travail du SWP en défense de la Révolution cubaine, un élément essentiel de la lutte pour construire un parti révolutionnaire de la classe ouvrière aux États-Unis. Elle a souvent voyagé à Cuba et a édité plus de 30 livres de discours, d'entretiens et d'écrits de Fidel Castro, d'Ernesto Che Guevara, de Vilma Espín et d'autres dirigeants de la Révolution cubaine, y compris le livre *Women in Cuba: The Making of a Revolution Within the Revolution.*

Elle a écrit, rédigé ou contribué de manière importante à de nombreux autres livres, dont *Feminism and the Marxist Movement* et plus récemment *Le travail, la nature et l'évolution de l'humanité : Une vision longue de l'histoire* ; *Le creux de la résistance ouvrière est derrière nous : le Parti socialiste des travailleurs regarde vers l'avant* ; et *La lutte contre la haine des Juifs et les pogroms à l'époque impérialiste : Les enjeux pour la classe ouvrière internationale.*

JOSEPH HANSEN

Joseph Hansen (1910-1979) a été un dirigeant central du Parti socialiste des travailleurs aux États-Unis pendant plus de 40 ans. Il a été membre du Comité national du parti de 1940 à 1975. L'aîné de 15 enfants, il est né dans une famille mormone d'une petite ville agricole du sud de l'Utah, où son père, un immigrant norvégien, travaillait comme tailleur.

Selon ses propres mots, il était un enfant qui « s'est tourné très tôt vers la rébellion », voyant d'un oeil favorable la Révolution russe et les bolcheviks, dont il avait appris l'existence en lisant le journal hebdomadaire de sa ville natale. Connu comme un jeune qui se disputait dans la cour d'école à propos de livres enfouis quelque part dans la bibliothèque de la ville, il « était connu dès son jeune âge comme un "socialiste" et un "provocateur" », a-t-il écrit. Mais ce n'est qu'après « la catastrophe de la Grande Dépression que j'ai commencé à étudier le marxisme ». Il était alors un étudiant en journalisme à l'Université d'Utah à Salt Lake City. Il y a rencontré le trotskyste canadien Earle Birney et, en 1934, il a adhéré à un prédécesseur du SWP.

Installé en Californie pour participer avec le parti à des batailles syndicales de plus en plus importantes, Joseph

Hansen a obtenu ses papiers de marin et, en 1936, il est devenu co-rédacteur en chef du journal *Voice of the Federation*, publié par le syndicat de la Fédération maritime du Pacifique. Ayant grandi dans la campagne de l'Utah, il était un bon tireur et, de 1937 à 1940, il a occupé à la fois la fonction de secrétaire et de garde du dirigeant révolutionnaire russe Léon Trotsky, alors en exil au Mexique.

Écrivain et journaliste accompli, Joseph Hansen a été au fil des décennies rédacteur en chef du *Militant* ainsi que des magazines *International Socialist Review* et *Intercontinental Press*.

Il a été un internationaliste tout au long de sa vie politique. Il a suivi les luttes ouvrières et les luttes anti-impérialistes dans le monde entier et a écrit abondamment à ce sujet.

Il a salué la Révolution cubaine de 1959 dirigée par Fidel Castro, qui a ouvert la révolution socialiste dans les Amériques, comme l'un des deux plus importants points tournants au 20e siècle, l'autre étant la victoire de la Révolution bolchevique sous la direction de Lénine en 1917. Joseph Hansen a visité Cuba en 1960 avec Farrell Dobbs, le secrétaire national du SWP et candidat à la présidence des États-Unis. À son retour, il a contribué à lancer le Comité fair play pour Cuba. Il est retourné à Cuba en 1967 pour assister à la conférence de fondation de l'Organisation de solidarité latino-américaine (OSLA). Ses nombreux écrits en défense de la Révolution cubaine et de sa direction communiste sont rassemblés dans le livre *Dynamics of the Cuban Revolution*.

À partir de 1969, en tant que membre fraternel du Comité exécutif de la Quatrième Internationale, il a mené un combat de près de dix ans pour mettre fin au soutien, par la majorité de la direction de l'Internationale et par un grand nombre de ses sections nationales, à la « guérilla rurale prolongée à l'échelle continentale », comme stratégie pour construire des partis révolutionnaires en Amérique latine. Au milieu des années 70, les résultats politiques dévastateurs et le coût inutile en vies humaines de cadres ont montré que cette approche était non seulement indéfendable, mais qu'elle reflétait également un manque total de compréhension des leçons de la révolution socialiste à Cuba et de sa direction communiste. Les écrits de Joseph Hansen dans le feu de cette bataille politique, recueillis dans le livre *The Leninist Strategy of Party Building: The Debate on Guerilla Warfare in Latin America*, comptent parmi ses meilleures oeuvres.

Ses autres écrits comprennent *The Workers and Farmers Government, What is American Fascism?, James P. Cannon: The Internationalist* et *Maoism vs. Bolshevism,* ainsi que des introductions aux livres *En Défense du marxisme, My Life* et *The Transitional Program for Socialist Revolution,* tous par Léon Trotsky.

EVELYN REED

Evelyn Reed (1905-1979) est l'auteure de nombreux ouvrages sur les
origines de l'oppression des femmes
et sur la lutte pour leur émancipation. Elle a adhéré au Parti socialiste
des travailleurs en 1940. Elle a été
membre du Comité national du SWP
de 1959 à 1971 et une dirigeante du
parti jusqu'à sa mort. Pendant quatre
décennies, elle a participé à de nombreuses batailles pour
les libertés démocratiques, contre l'oppression nationale,
pour l'émancipation des femmes et en solidarité avec les
luttes révolutionnaires partout dans le monde.

Née dans une petite ville du New Jersey, elle a fui, dans
son adolescence, une situation familiale malheureuse et
est allée à New York pour suivre son propre chemin. Elle y
a terminé ses études secondaires et a étudié l'art à l'école
de design Parsons et à la Ligue des étudiants en art. À la
fin des années 30, de plus en plus mécontente de sa vie au
sein des cercles artistiques bohèmes de Manhattan, elle
est entrée en contact avec des membres de la branche
new-yorkaise du SWP. Grâce à eux, elle s'est rendue au
Mexique en 1940, où elle prévoyait poursuivre son travail d'artiste peintre. Elle a alors commencé à collaborer
avec les cadres et les dirigeants du SWP qui travaillaient

avec Léon Trotsky, le dirigeant bolchevique russe en exil, et qui surveillaient sa maison.

À ce moment-là, comme Evelyn Reed l'a souvent expliqué aux jeunes engagés dans les luttes politiques des années 60 et 70, ses expériences de vie lui avaient appris que la rébellion individuelle et le non-conformisme, au lieu de contribuer à la lutte pour l'émancipation des femmes et de l'humanité, constituent une adaptation aisée aux relations sociales oppressives du capitalisme et une perpétuation de celles-ci. Encouragée par Trotsky, elle a adhéré au Parti socialiste des travailleurs en 1940.

Participante active et enthousiaste au mouvement pour la libération des femmes qui a vu le jour aux États-Unis à la fin des années 60, elle a été membre fondatrice de la Coalition nationale des femmes pour le droit à l'avortement en 1971. Au cours des années 70, alors que le mouvement des femmes se répandait à l'échelle internationale, elle a non seulement écrit de nombreux articles sur les questions controversées parmi les activistes, mais elle a également pris la parole et participé à de nombreux débats dans des villes et sur des campus aux États-Unis, au Canada, en Australie, en Nouvelle-Zélande, au Japon, en Irlande, au Royaume-Uni et en France.

En plus de son étude pionnière largement acclamée, *Woman's Evolution*, Evelyn Reed est également l'auteure de *Problems of Women's Liberation*, *Sexism and Science* et *Is Biology Woman's Destiny?* Ses oeuvres ont été traduites dans plus d'une douzaine de langues, notamment en français et en espagnol ainsi qu'en farsi, arabe, turc, japonais et indonésien.

Préface à la deuxième édition

MARY-ALICE WATERS

Les cosmétiques, la mode et l'exploitation des femmes, en dépit de son titre, n'est pas un livre sur les cosmétiques. C'est un livre sur le capitalisme.

Il traite des relations sociales créées et perpétuées à ce stade de l'histoire par la classe possédante, qui s'approprie les matières premières fournies par la nature (avec un mépris calculé pour les conséquences humaines, quelles qu'elles soient). Pour obtenir la main-d'oeuvre dont ils ont besoin pour transformer ces matières en produits qu'ils peuvent vendre — en marchandises —, les patrons achètent notre force de travail à l'heure : deux, dix, vingt heures par jour, tout ce qu'ils peuvent soutirer impunément. (Encore une fois, dans l'indifférence la plus totale pour notre santé, notre sécurité ou les besoins de nos familles).

Ensuite, comme les « marchands de beauté » dépeints dans ce livre, ils nous revendent les produits de notre propre travail, en récoltant des profits qu'ils considèrent parfaitement mérités.

Dans son article de 1954 intitulé « Le fétiche des cosmétiques », Joseph Hansen a mis à nu ces rouages du capitalisme avec clarté et humour. Il nous aide à comprendre comment le système économique qui continue à dominer le monde aujourd'hui transforme non seulement les cosmé-tiques, mais aussi toutes nos relations économiques et so-ciales en marchandises à acheter et à vendre.

Tout — et tout le monde — a un prix. Avez-vous déjà entendu cette phrase cynique ? C'est la bannière interna-tionale du capital. Et cela au sens littéral.

Les cosmétiques, la mode et l'exploitation des femmes traite également de la place des femmes dans cet ordre économique. Pour citer l'une des contributions d'Evelyn Reed à cette merveilleuse collection, sous le capitalisme à son stade le plus élevé et final (*le stade impérialiste*, dans lequel nous vivons aujourd'hui), « la vente des femmes *en tant que* marchandises a été largement remplacée par la vente de marchandises *aux* femmes ». Et aux hommes.

Pour y arriver, les capitalistes mettent de l'avant des images sexy et séduisantes de femmes, destinées à convaincre d'autres femmes qu'en achetant « les bonnes choses » et en en *achetant davantage*, elles peuvent vaincre leurs concurrentes et, dans un marché où règne la loi du chacun pour soi, obtenir un « prix plus élevé » pour le bon-heur, la sécurité, l'argent et un partenaire.

Comme le disait un panneau publicitaire mémorable dans les rues de San Francisco : « Sois quelqu'un, achète quelque chose. »

Au grand dam de la classe capitaliste mondiale, le taux de profit actuel n'est peut-être pas aussi spectaculaire que celui de la traite des esclaves africains aux 17e et 18e siècles (l'époque de l'accumulation primitive du capital). Cependant, le commerce des cosmétiques qui, au nom de la « beauté », encourage tout ce qui va du blanchiment de la peau à la « sculpture corporelle » terriblement défor-mante et à la mutilation génitale, est aujourd'hui l'une des

« industries » les plus lucratives et elle se répand sur tous les continents du monde capitaliste.

Comprendre comment et pourquoi les femmes et les adolescents sont les plus vulnérables face aux colporteurs de ces produits grossièrement imaginés et excessivement chers est le deuxième cadeau que ce livre apporte à ses lecteurs. L'oppression des femmes, la moitié de l'humanité qui met au monde de nouvelles vies humaines, n'est pas un produit de notre biologie. On ne trouvera pas ses racines dans le règne animal. Les femmes ont été réduites au rang de « deuxième sexe » et subordonnées aux hommes, il y a à peine dix mille ans, à quelques milliers près. C'est à peine un clin d'oeil si l'on considère les six millions d'années qui se sont écoulées depuis que nos premiers ancêtres humains connus ont émergé du monde des primates. Comme le souligne Evelyn Reed, cet assujettissement des femmes était indissociable de la montée des divisions de classe fondées sur la propriété privée, par opposition à la propriété collective, de la terre et des produits du travail social.

Le statut universel de seconde classe des femmes dans une société divisée en classes est une relation *sociale*, une relation économique. Comment et pourquoi cette condition est-elle apparue ? Et comment peut-on y mettre fin ?

Qu'est-ce que tout cela a à voir avec l'insécurité matérielle et affective des femmes et des adolescents d'*aujourd'hui* ? Comment les capitalistes jouent-ils sur ces conditions pour générer des profits en vendant leur poudre de perlimpinpin et en essayant de persuader les femmes qu'elles doivent et *veulent* que leur corps subissent des mutilations chirurgicales ?

Telles sont quelques-unes des questions abordées dans ce livre. Evelyn Reed et Joseph Hansen y répondent par une affirmation sans équivoque : la voie à suivre pour mettre fin à l'oppression et à l'exploitation des femmes est inséparable de la bataille révolutionnaire par la classe ouvrière et ses alliés exploités dans le monde entier pour prendre le pouvoir d'État des mains de la classe capitaliste.

◆

Les cosmétiques, la mode et l'exploitation des femmes a été publié pour la première fois sous forme de livre par les éditions Pathfinder en 1986. L'article d'introduction, « Les normes de la beauté et de la mode sont inséparables de la lutte des classes », raconte comment la correspondance et les articles rassemblés ici ont été rédigés dans les années 1950 et conservés sous la forme d'un bulletin de discussion ronéotypé du Parti socialiste des travailleurs.

Une édition du livre en farsi est parue en Iran en 2002, publiée par Golâzin, une maison d'édition basée à Téhéran et dirigée par des femmes. Depuis lors, le livre a été réimprimé trois fois. La première édition espagnole est parue en 2010, publiée à Cuba par Ciencias Sociales. La première édition en espagnol des éditions Pathfinder a suivi en 2014, intégrant les riches commentaires d'Isabel Moya, une dirigeante de la Fédération des femmes cubaines, lors de la Foire internationale du livre de La Havane en 2011.

Depuis près de 40 ans, ce livre a été l'un des titres les plus populaires des éditions Pathfinder, avec des ventes cumulées de plus de 18 000 exemplaires, dont quelque 4 000 en farsi.

Cette deuxième édition de *Les cosmétiques, la mode et l'exploitation des femmes*, était attendue depuis longtemps. L'article « Les normes de la beauté et de la mode sont inséparables de la lutte des classes », dont les premières versions ont été publiées en espagnol, sera désormais disponible en anglais et en français pour la première fois. Il en va de même pour les propos judicieux d'Isabel Moya.

L'accélération et l'acuité de la lutte des classes à l'échelle mondiale rendent la publication de cette nouvelle édition d'autant plus importante que les nouvelles quotidiennes du monde entier mettent en évidence la réalité brutale de l'oppression des femmes dans ses centaines de manifestations.

Le viol et l'esclavage sexuel comme armes de guerre et de domination.

Déni d'accès à l'éducation et au divorce.

Lapidation des femmes pour adultère.

Promotion des mariages de jeunes filles.

Privation de la possibilité pour une femme de vendre sa propre force de travail, de gagner sa vie, de conduire une voiture, d'ouvrir un compte bancaire, de voyager ou même de quitter son domicile sans être accompagnée d'un homme.

Prescription gouvernementale obligeant la femme à se couvrir les cheveux, le visage ou tout le corps, et lui interdisant de faire entendre sa voix en public.

Refus de reconnaître que les enfants qu'une femme met au monde *lui* appartiennent, plutôt qu'à l'homme auquel *elle* « appartient », quel qu'il soit.

Négation de tout accès soit à des traitements de fertilité, soit à la contraception et à des services d'avortement sécuritaires et légaux.

Et les nombreuses manifestations plus « civilisées » (lire capitalistes) du statut économique et social inférieur de la femme, telles que « l'écart salarial » entre les hommes et les femmes qui existe dans le monde entier. Il s'agit d'une inégalité universelle qui ne sera jamais éradiquée sous le capitalisme. Car ce n'est pas une forme de discrimination qui puisse être éliminée par l'éducation ou la législation. Elle fait partie intégrante du fondement même du système mondial des rapports de classe — *des rapports d'exploitation* qui produisent et reproduisent une division au sein de la classe ouvrière et qui sont pour les classes possédantes une source de profits supplémentaires astronomiques, année après année.

Dans un monde où la crise capitaliste s'aggrave, « L'utilisation des cosmétiques mérite-t-elle qu'un marxiste y prête attention ? », demande Joseph Hansen. Vous trouverez dans ces pages un « Oui ! » sans ambigüité.

Lisez, délectez-vous et armez-vous pour la seule bataille qui puisse ouvrir la porte à l'égalité des femmes : la bataille pour déterminer quelle classe va gouverner.

OCTOBRE 2024

Les normes de la beauté et de la mode sont inséparables de la lutte des classes

MARY-ALICE WATERS

> La beauté et la mode sont très distinctes. Alors que la beauté et le travail sont très associés. En dehors du domaine de la nature, tout ce qui est beau a été produit par le travail et par des travailleurs.
>
> EVELYN REED

AU DÉBUT DES ANNÉES 1950, un hebdomadaire socialiste révolutionnaire basé à New York, qui proclame avec fierté en première page qu'il est « publié dans l'intérêt des travailleurs », a fait paraître un article humoristique, mais qui était aussi sérieux, sur les plans d'une branche de « l'industrie de la mode », celle des cosmétiques, pour conspirer à nouveau afin d'accroître ses ventes et ses marges de profit. Il s'agissait du commerce capitaliste habituel, comme l'a indiqué le *Militant* en 1954.

Les marchands de « beauté » concevaient une nouvelle campagne de publicité, visant à convaincre les travailleuses qu'elles *n'avaient qu'à se procurer* une nouvelle ligne de produits pour être heureuses, confiantes, employables et sexuellement désirables.

Quelques lecteurs du journal ont répondu en envoyant des lettres de récrimination au directeur du *Militant*, Joseph Hansen, dans lesquelles ils attaquaient l'auteur de l'article,

Jack Bustelo. Ils l'accusaient de ridiculiser les femmes de la classe ouvrière et d'attaquer leur « droit » d'aspirer « à un peu de charme et de beauté dans leur vie ». Il s'est avéré que « Bustelo », qui est le nom commercial d'un café noir, populaire à New York parmi les Portoricains et les Cubains et très apprécié du directeur du journal, était le nom de plume sous lequel Joseph Hansen lui-même avait rédigé cet article.

La vive polémique qui en a résulté, d'abord dans un échange publié par le *Militant*, puis dans un bulletin de discussion pour les membres du Parti socialiste des travailleurs (SWP), est devenue un traité sur les principes fondamentaux du marxisme. Des articles publiés originellement dans le bulletin, tel que celui de Joseph Hansen intitulé « Le fétiche des cosmétiques », ont offert une introduction populaire à la critique de l'économie politique la plus complète qui soit : *Le Capital* de Karl Marx. Hansen a permis au nouveau lecteur d'éclaircir le mystère du « caractère fétiche de la marchandise ».

Evelyn Reed, une dirigeante du SWP, s'est jointe au débat en répondant de façon claire et pédagogique à ceux qui critiquaient Bustelo. Elle a expliqué comment les normes de beauté et de mode sont avant tout des questions de *classe* et qu'on ne peut pas les séparer de l'histoire de la lutte des classes. Elle a expliqué comment et pourquoi les normes toujours changeantes de « beauté » et de « mode » imposées aux femmes — et aux hommes — font partie intégrante de la perpétuation de l'oppression des femmes. Elle a aussi expliqué comment, il y a plusieurs millénaires, à mesure que s'accélérait la productivité du travail humain, la propriété privée et la société de classe ont émergé, dans le feu de luttes sanglantes, et les femmes ont été réduites à n'être qu'une forme de propriété. Elles sont devenues « le deuxième sexe ».

Aujourd'hui, la lutte pour éradiquer la condition inférieure des femmes n'est pas simplement une « question femme », comme l'a expliqué Evelyn Reed. C'est une partie intégrante de la lutte de la classe ouvrière pour arracher le pouvoir d'État des mains des familles qui dominent la grande industrie, les banques et le commerce. Seule cette conquête historique pour l'humanité permettra d'ouvrir la voie à l'égalité des femmes, en mettant fin à toutes les formes d'exploitation et d'oppression ainsi qu'à la menace croissante d'une guerre impérialiste mondiale et d'une catastrophe nucléaire.

Les adversaires de Joseph Hansen au cours de la « controverse Bustelo », comme on a fini par appeler cette polémique dans les rangs du SWP, ont trouvé un terrain fertile dans la prospérité relative et le recul de la classe ouvrière aux États-Unis, qui ont marqué les années qui ont suivi la Deuxième Guerre mondiale. Le début des années 50, souvent appelé la période du maccarthysme, a été caractérisé avant tout par l'offensive résolue des dirigeants capitalistes pour briser les sections militantes du mouvement syndical qui avaient émergé des luttes ouvrières des années 30 et du milieu des années 40. Les femmes, et les Américains africains, qui avaient rejoint la main-d'oeuvre industrielle par millions durant la guerre, alors que les capitalistes faisaient face à une pénurie de main-d'oeuvre, ont été repoussés et rabaissés.

Cependant, en l'espace de quelques courtes années après l'affaire Bustelo, ce paysage politique a changé considérablement.

La victoire de la Révolution cubaine en 1959 a apporté une nouvelle preuve de la capacité des travailleurs ordinaires à prendre le pouvoir d'État et à commencer à

Pendant la Deuxième Guerre mondiale, alors que des millions d'hommes étaient dans l'armée, les femmes les ont remplacés dans l'industrie. Les attentes sociales et économiques des deux sexes ont changé à jamais.

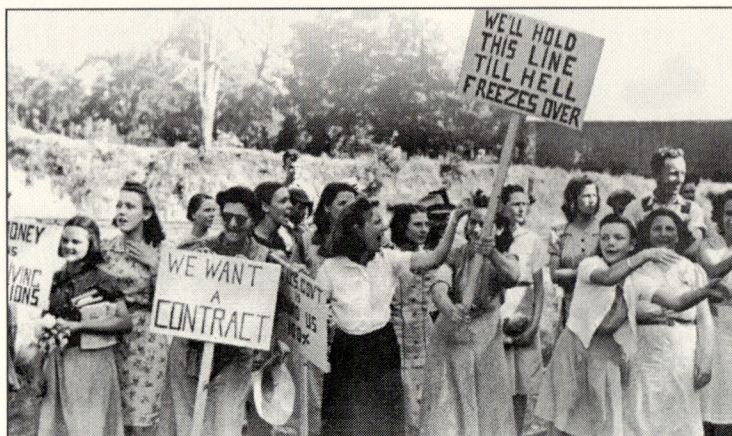

Des travailleuses de filatures de coton, lockoutées par les patrons, se battent pour un contrat. Greensboro, Géorgie, mai 1941.

Nouveau-Mexique, mars 1943. Almeta Williams, Beatrice Davis, Liza Goss et Abbie Caldwell, embauchées pour des emplois jadis réservés aux hommes. Plus de 60 000 femmes, dont un tiers étaient noires, ont été embauchées dans le rail pendant la guerre. Licenciées au retour des soldats, elles ont été exclues de ces emplois jusque dans les années 1970.

À partir de 1960, les femmes sont entrées sur le marché du travail à un rythme accéléré.

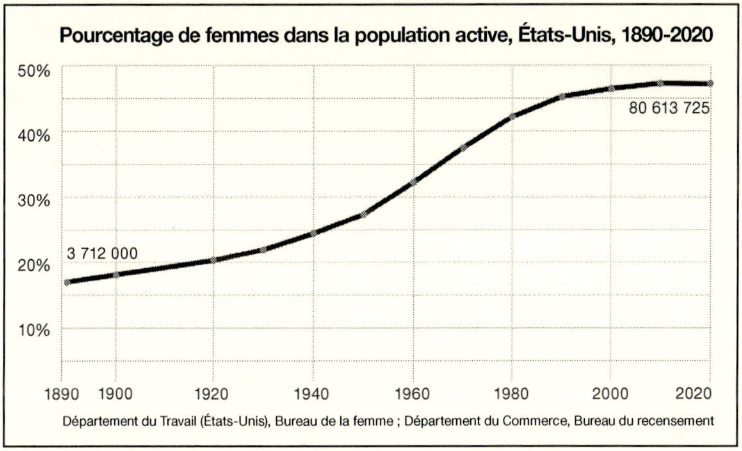
Pourcentage de femmes dans la population active, États-Unis, 1890-2020
50%
40%
30%
20%
10%
3 712 000
80 613 725
1890
1900
1920
1940
1960
1980
2000
2020
Département du Travail (États-Unis), Bureau de la femme ; Département du Commerce, Bureau du recensement

Les luttes dirigées par des travailleurs noirs, qui ont mis fin au système de ségrégation de Jim Crow, ont obtenu en 1965 une loi contre la discrimination fondée sur la race, la religion, l'origine nationale ou le sexe, permettant ainsi aux femmes de lutter pour des emplois industriels.

En 2024, 78 % des femmes âgées de 25 à 54 ans travaillaient ou cherchaient un emploi.

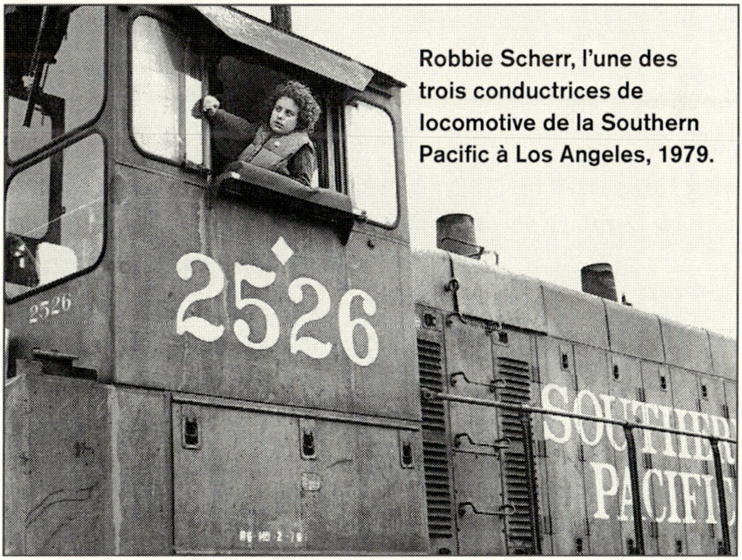
2526
SOUTHERN
PACIFIC

Robbie Scherr, l'une des trois conductrices de locomotive de la Southern Pacific à Los Angeles, 1979.

DELLA ROSSA/THE MILITANT

transformer le monde dont ils ont hérité. De plus, elle a fourni une preuve irréfutable de la vulnérabilité des dirigeants américains.

Aux États-Unis, une large radicalisation politique s'est accélérée dans les années 60, propulsée surtout par les batailles de classe victorieuses, menées par les travailleurs américains africains dans les grandes villes industrielles du Sud, qui ont fait tomber le système de ségrégation raciale de Jim Crow. Le modèle américain d'« apartheid », qui avait été en place pendant près d'un siècle, a été éradiqué. Les relations raciales aux États-Unis ont changé à jamais. Connue plus largement comme le mouvement pour les droits civils, cette lutte historique a éveillé des millions de personnes de toutes les races, y compris de nouvelles générations de jeunes, à la vie politique.

Le point culminant du mouvement pour les droits civils a coïncidé avec l'expansion de la guerre de Washington contre le peuple vietnamien, qui se battait pour sa souveraineté nationale et l'unification de son pays. Des centaines de milliers de jeunes — noirs, caucasiens, portoricains, autochtones, mexicains — enrôlés pour combattre et mourir dans cette guerre ont vu de leurs propres yeux le vrai visage de l'impérialisme américain. Quelque 58 000 Américains et environ trois millions de Vietnamiens ont perdu la vie dans cette aventure impérialiste de Washington, avant que les combattants pour la libération du Vietnam ne sortent victorieux. Beaucoup de soldats américains sont rentrés chez eux pour rejoindre les millions d'autres à travers les États-Unis et dans le monde qui exigeaient : « Ramenez les troupes à la maison maintenant ! »

Un aspect essentiel de cette politisation croissante et de cette radicalisation a été la naissance d'une nouvelle

Des millions de personnes se sont éveillées à la politique grâce aux luttes contre la ségrégation de Jim Crow.

Montgomery, Alabama, février 1956, 5 000 personnes se rassemblent à l'église First Baptist pour le boycott du transport en commun et la fin de la ségrégation.

Gloria Richardson a mené la lutte de déségrégation à Cambridge au Maryland, de 1962 à 1964, face aux racistes et à l'occupation de la ville par la Garde nationale.

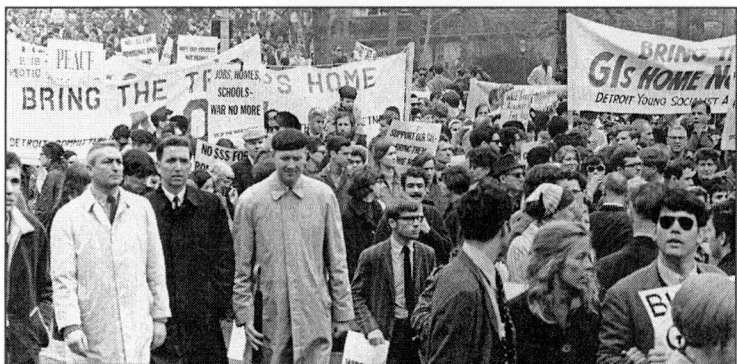

Avril 1967, New York. Près d'un demi-million de personnes ont défilé pour le retrait des troupes américaines du Vietnam.

À la fin des années 60 aux États-Unis, les femmes ont lutté pour l'égalité salariale, des garderies financées par le gouvernement, la fin des stérilisations forcées et, surtout, l'abrogation des lois sur l'avortement. —*Mary-Alice Waters*

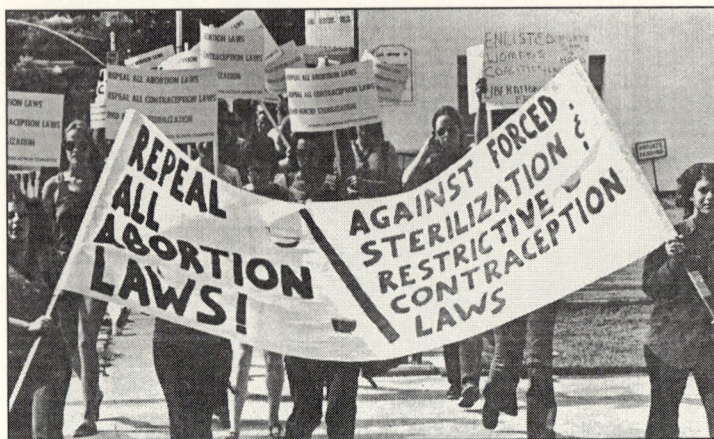

Marche à Austin, au Texas, 1971. Des centaines de femmes mouraient chaque année d'avortements illégaux et clandestins.

Quelque 60 000 femmes aux États-Unis ont été stérilisées sans leur consentement de 1907 à 1981. À Porto Rico, colonie américaine, au milieu des années 1960, 35 % des femmes avaient été stérilisées, le plus haut taux au monde.

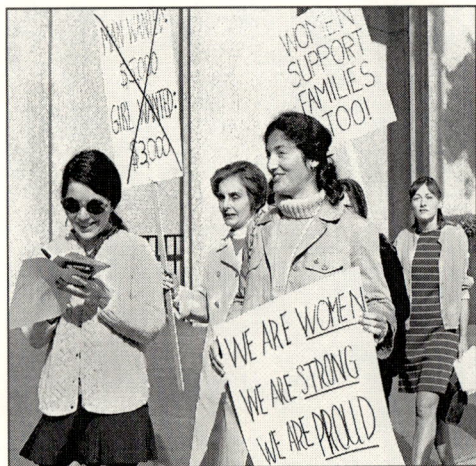

3 décembre 1969, San Francisco. Manifestation devant la Pacific Telephone pour exiger un salaire égal pour un travail égal.

vague de luttes contre l'oppression millénaire des femmes en tant que « deuxième sexe ». Les femmes sont descendues dans la rue. Avec leurs alliés, elles ont demandé un salaire égal pour un travail égal, l'expansion des établissements pour la garde des enfants, la fin des stérilisations forcées et, surtout, l'abrogation de toutes les lois criminalisant l'avortement.

Et, comme pendant le mouvement pour les droits civils et le mouvement contre la guerre au Vietnam, beaucoup de participantes affichaient une bonne dose de libéralisme et de gauchisme lorsqu'elles ont commencé à s'organiser.

Cette « deuxième vague » de la lutte moderne des femmes pour se débarrasser du carcan de leur statut de seconde zone a explosé dans les années 70 et a commencé à s'étendre à l'échelle internationale. Ce faisant, l'échange de lettres et d'articles qui faisaient partie du « débat sur les cosmétiques » est devenu un outil éducatif puissant qui était souvent sollicité.

Des exemplaires miméographiés et écornés du *Bulletin de discussion* du SWP contenant les textes publiés ici sous le titre *Les cosmétiques, la mode et l'exploitation des femmes* passaient de main en main parmi des centaines, voire des milliers, de jeunes femmes — et d'hommes — qui cherchaient à comprendre l'oppression des femmes et comment lutter pour y mettre fin.

L'approche, fondée de manière intransigeante sur le matérialisme historique, et la perspective ouvrière qu'ils y ont trouvées ont aidé beaucoup d'entre eux à devenir des communistes ou à devenir de meilleurs communistes, c'est-à-dire plus conscients. Cela les a aidés à comprendre que la lutte pour mettre fin à l'oppression des femmes est inséparable de la lutte politique pour remplacer la dictature du capital et son fétichisme universel des marchandises par le pouvoir d'État de la classe ouvrière.

Et avec lui, l'éradication des relations capitalistes de propriété.

◆

Le « débat sur les cosmétiques » a amorcé sa troisième vie en 1986, lorsqu'il a été publié pour la première fois sous forme de livre. Le taux d'expansion de la production et du commerce, qui avait suivi la Deuxième Guerre mondiale, avait alors commencé à ralentir. Le niveau de vie que la classe ouvrière aux États-Unis avait conquis dans les années d'après-guerre a subi des attaques croissantes, à mesure que le taux de profits des capitalistes déclinait mondialement. On commençait à voir les premiers signes de la crise prolongée et accablante du capitalisme qui a marqué les dernières décennies. De nombreux gains que les femmes avaient réalisés au cours des luttes des années 60 et 70 ont été soumis à l'assaut des employeurs et de leur gouvernement.

Aux États-Unis, l'accès à des services de santé génésique légaux et médicalement sécuritaires, y compris à l'avortement — une condition préalable à l'émancipation des femmes — a de nouveau été restreint, État par État.

Les employeurs ont commencé à vider de leur contenu les programmes d'action affirmative lancés dans les années 70 par les Métallurgistes unis d'Amérique et quelques autres syndicats dans le but de réduire les divisions raciales au sein de la classe ouvrière. De plus, les programmes prétendant promouvoir une telle égalité étaient transformés en leur contraire par des couches de la classe moyenne qui cherchaient à promouvoir leur propre avancement. De tels programmes, qu'on a fini par appeler « Diversité, Équité et Inclusion », se sont développés bien au-delà des campus de l'élite où ils étaient nés. Ils sont devenus une source de privilèges exécutifs, professionnels et académiques pour des femmes — et des hommes — d'une couche de la classe moyenne supérieure de toutes les couleurs de peau. Contrairement à l'action affirmative pour laquelle le mouvement ouvrier s'était battu, la « DEI » n'a servi qu'à accroître les divisions de race et de classe.

Les dirigeants capitalistes et leurs porte-parole privilégiés ont initié une campagne idéologique, une « guerre culturelle », contre les travailleuses. Ils visaient principalement les dizaines de millions de femmes qui étaient entrées sur le marché du travail en nombre sans précédent pendant et après la Deuxième Guerre mondiale, en particulier celles qui avaient été à l'avant-garde et occupaient des emplois jusqu'alors considérés comme réservés aux hommes.

Cette campagne politique n'avait pas pour but d'évincer les femmes de la force de travail. Au contraire, elle visait à rendre les travailleuses, dont le nombre augmentait, plus vulnérables, plus facilement remplaçables — en d'autres mots, plus exploitables — en abaissant le prix de leur force de travail et en freinant la chute des taux de profit des patrons.

Les médias de masse, qui servent les intérêts du capital (les « réseaux sociaux », qui servent les mêmes intérêts de classe, n'avaient pas encore été conçus), regorgeaient d'articles cherchant à convaincre les lecteurs que les progrès réalisés par les femmes en matière d'opportunités d'emploi et de salaires sont injustes pour les hommes, en particulier ceux qui sont noirs ; que l'exclusion des femmes de certains emplois et les écarts de salaire entre les hommes et les femmes sont justifiés ; et que ce sont des choses aux-quelles il faut s'attendre. Après tout, *la biologie détermine le destin de la femme* et sa principale responsabilité sociale et source d'« épanouissement » est la maternité. La femme est non seulement enfermée dans le foyer et la maison, mais c'est là qu'elle sera enfermée toute sa vie.

Face à cette contre-offensive concertée contre une plus grande égalité sociale des femmes, les diverses forces de classe qui avaient constitué le mouvement de libération des femmes tel qu'il s'était développé dans les années 70 se sont fracturées. Ce fut une déroute qui reflétait la retraite qui se produisait dans le mouvement ouvrier organisé.

Lorsqu'il a été publié en 1986, *Les cosmétiques, la mode et l'exploitation des femmes* a examiné ces pressions crois-santes dans un cadre de classe et historique plus large. Il a ouvert, et ouvre toujours, une fenêtre sur la décennie qui a suivi la Deuxième Guerre mondiale, lorsque la classe dont la richesse provient de l'exploitation de notre travail a lancé une offensive économique, politique et idéologique similaire.

Cette offensive politique antérieure faisait essentielle-ment la promotion de la « mystique féminine ». Elle avait été conçue pour convaincre les femmes qui avaient rejoint le marché du travail par millions pendant les pénuries de main-d'oeuvre de la Deuxième Guerre mondiale qu'elles n'étaient que des « femmes au foyer », qui devaient vendre leur « charme », et non des *travailleuses*, qui pouvaient vendre leur force de travail.

La perspective politique plus large que l'on trouve dans ces pages aide à clarifier la pression qui s'exerçait à nouveau même sur les femmes et les hommes les plus conscients po-litiquement dans les dernières décennies du 20e siècle. Cela aide à expliquer pourquoi le « mouvement des femmes » des années 70 s'était complètement embourgeoisé, n'étant guère plus qu'un appendice électoral de la classe capitaliste, en particulier du Parti démocrate.

◈

Chaque jour, les nouvelles nous rappellent de plus en plus clairement que nous vivons aujourd'hui l'ouverture de ce que seront des années de convulsions économiques, financières et sociales mondiales, de luttes de classes et de guerres. On entend déjà les premières salves de la troisième guerre mondiale, mais l'inimaginable n'est pas encore inévitable.

L'avenir dépend de quelle classe règne. La classe ouvrière internationale est aujourd'hui beaucoup plus nombreuse et potentiellement plus puissante que dans les années qui ont précédé les deux massacres interimpérialistes du 20e siècle.

Ce qui manque, c'est une conscience *ouvrière* croissante qui ne pourra, et qui ne va, se développer qu'au cours de la lutte.

Ce qui manque, c'est une direction authentiquement communiste à laquelle on peut se fier et qui a été testée dans les luttes ; pas une direction stalinienne, mais une direction telle que celle fournie par V. I. Lénine et le Parti bolchevique qu'il a forgé dans l'empire tsariste ; une direction comme celle de Fidel Castro et des cadres du Mouvement du 26 juillet et de l'Armée rebelle à Cuba, qui ont ouvert la porte à la première révolution socialiste dans les Amériques.

Ce qui manque, c'est la capacité de diriger des producteurs exploités de toutes les couleurs de peau et de toutes les nationalités, comme celle qu'a démontrée Malcolm X dans les dernières années de sa vie ; ce sont des dirigeants

La classe ouvrière internationale est plus grande et potentiellement plus puissante que jamais. La participation accrue des femmes renforce tant les hommes que les femmes pour les batailles à venir.

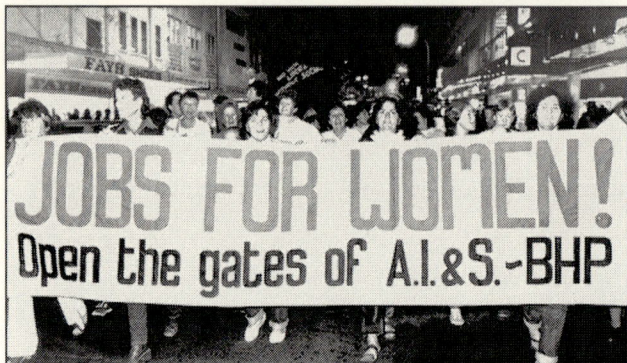

JOBS FOR WOMEN!
Open the gates of A.I.&S.-BHP

Ci-dessus : Wollongong, Australie, mars 1984. Contingent lors de la Journée internationale des femmes pour exiger que l'aciérie de Port Kembla BHP embauche des femmes. La compagnie a finalement embauché des centaines de femmes.

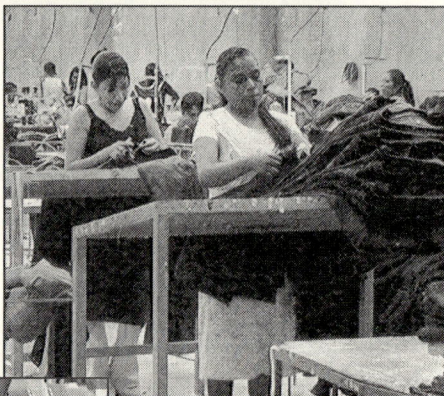

Ci-dessus : Tehuacán, Mexique, 2007. Dans ce pays, plus de 3 000 usines, en général américaines, connues sous le nom de *maquiladoras*, emploient surtout des femmes.

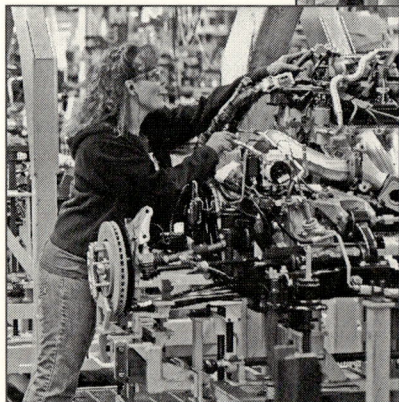

Windsor, Canada, 2008. Travailleuse de l'automobile sur une chaîne de montage.

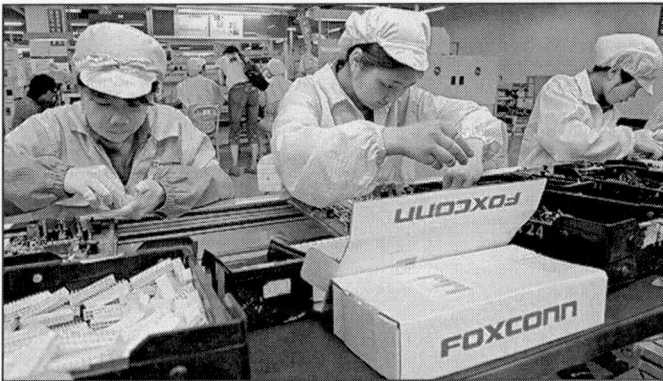

Foxconn emploie plus d'un million de personnes en Chine. Son usine de Zhengzhou fabrique la moitié des iPhones du monde.

Dhaka, Bangladesh, mai 2013. Manifestation après la mort de 1 100 travailleurs lorsqu'un immeuble abritant cinq usines de vêtements s'est effondré.

ISMAIL FERDOUS/AP

Pavlohrad, est de l'Ukraine, novembre 2023. « Nos hommes sont au front et nous devons les soutenir », a dit Krystyna, mineuse de charbon de 22 ans, (à droite), en compagnie de Natalia, en route vers le puits de la mine.

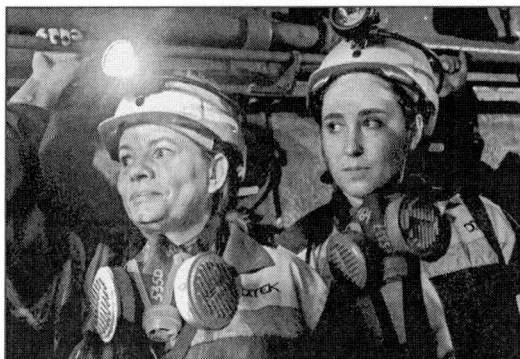

ALINA SMUTKO/REUTERS

dotés de courage moral et d'intégrité. Et ce genre de direction aussi ne peut se forger que dans le feu des batailles de classe.

C'est dans ce contexte mondial que l'augmentation qualitative au cours du siècle dernier du pourcentage de femmes qui font partie de la main-d'oeuvre internationale est un facteur vital. Les femmes assumeront plus de responsabilités de direction que jamais dans les batailles révolutionnaires de la classe ouvrière à venir.

Avec cette nouvelle édition, *Les cosmétiques, la mode et l'exploitation des femmes* a entamé sa quatrième vie. Et ce n'est pas trop tôt !

◆

Il est utile d'explorer deux questions soulevées par des lecteurs attentifs depuis la publication initiale de *Les cosmétiques, la mode et l'exploitation des femmes*.

Premièrement, est-ce que les questions soulevées, il y a de nombreuses décennies, lors d'un débat sur les produits de beauté et la mode sont encore pertinentes ? Ne sont-elles pas dépassées depuis longtemps ?

Deuxièmement, l'article d'Evelyn Reed « Anthropologie : marxiste ou bourgeoise ? » n'est-il pas dépassé ? Les connaissances sur les premières sociétés humaines n'ont-elles pas progressé au-delà de ce qu'on connaissait au milieu des années 1950 ?

La réponse à la première question apparaît clairement dans la question rhétorique que pose Joseph Hansen dans « Le fétiche des cosmétiques » : « Dans toute l'histoire du capitalisme, la bourgeoisie a-t-elle déjà cultivé le fétiche des marchandises avec plus de sang-froid que le grand capital américain ? »

Il convient de rappeler que la naissance du capitalisme industriel était elle-même basée sur la production de textiles, effaçant le travail que les femmes faisaient à la maison en cousant et en utilisant des rouets et des métiers à tisser. L'un des premiers promoteurs des récompenses lucratives que l'on pouvait tirer du commerce du textile était un spéculateur et économiste nommé Nicholas Barbon, cité à plusieurs reprises par Marx dans *Le Capital*.

Dans toute l'Asie et dans une grande partie de l'Europe, notait Barbon en 1690, l'habillement « est fixe et certain ». En Angleterre et en France, par ailleurs, « les vêtements changent. La mode ou la modification des vêtements est un grand promoteur du commerce, a-t-il observé, parce que cela occasionne des dépenses pour des vêtements avant que les anciens ne soient usés. [...]

« Voilà ce qui constitue l'esprit et la vie du commerce. »

Plus de trois siècles plus tard, les ressources que les entreprises capitalistes consacrent à la publicité et à la création de marchés, c'est-à-dire à la création de « besoins » là où il n'y en a pas encore, continuent de croître de manière astronomique. Sous le système de profit, au lieu que l'accroissement de la productivité du travail social ne fasse dérailler cette animation mystique d'objets que nous, les travailleurs, avons nous-mêmes fabriqués, ce qui se produit, c'est que la classe ouvrière et les classes moyennes inférieures sont poussées à « avoir besoin » de plus en plus de *choses* : de tout, de chaque nouveau téléphone portable, du dernier modèle d'automobile, de jeans déchirés à 500 $, d'une gamme explosive de nouvelles chirurgies « esthétiques », d'agents de blanchiment de la peau et de salons de bronzage, de sacs à main de luxe et de cosmétiques conçus pour donner l'impression que vous n'utilisez pas de cosmétique.

Tous ces éléments, et bien d'autres encore, sont imposés sans relâche à d'infortunés « consommateurs », même à des enfants de plus en plus jeunes !

La pression pour être « à la mode », c'est-à-dire pour être « employable » ou même pour pouvoir séduire un partenaire potentiel, a pénétré encore plus profondément dans la classe ouvrière. Sous la domination bourgeoise, l'Internet et ce qu'on appelle à tort les « réseaux sociaux » sont devenus des outils à la fois nouveaux et plus ridiculement puissants, par lesquels l'idéologie, la morale et les marchandises capitalistes s'immiscent dans nos vies à chaque minute de la journée. Et on voit maintenant se profiler « l'intelligence artificielle » au service du capital.

La compulsion manufacturée, qui pousse à « courir les magasins », en jouant avant tout sur l'insécurité émotionnelle des femmes et des adolescents, créée par les relations sociales capitalistes, a continué de s'approfondir et de s'étendre. Les « techniques de commercialisation » dont se moquait tellement Joseph Hansen dans les années 1950, lorsqu'on les compare aux techniques de vente déployées contre nous aujourd'hui, ressemblent aux produits de purs amateurs. « Courir les magasins jusqu'à crouler », une exagération amusante, décrit aujourd'hui une condition sociale réelle, qui entraîne un nombre croissant de familles ouvrières dans un tourbillon de dettes, à des taux souvent usuraires.

L'« industrie » capitaliste de la publicité a un impact qui est devenu au 21e siècle encore plus insidieux, si possible, car elle se répand dans des régions du monde auparavant protégées dans une certaine mesure du marché mondial impérialiste. Dans de vastes régions de l'Afrique, de l'Asie et de l'Amérique latine, dévastées par le sous-développement agricole et industriel que l'impérialisme leur inflige, tout comme dans les pays qui appartenaient, jusqu'à sa dissolution, au bloc économique et commercial dominé par l'Union soviétique, le chant des sirènes du fétichisme des marchandises est une arme impérialiste sans pareil.

De plus, « l'industrie de la chirurgie esthétique » pénètre de plus en plus profondément dans ces pays à mesure que la concurrence de puissances capitalistes plus fortes vient miner les possibilités d'une production socialement utile.

Dans les mots éloquents du Manifeste communiste, « les prix bon marché de ses produits sont l'artillerie lourde avec laquelle [la bourgeoisie] bat en brèche toutes les murailles de Chine. [...] Sous peine de mort, elle contraint toutes les nations à adopter le mode de production bourgeois. Elle les contraint à introduire chez elles ce qu'elle appelle civilisation, c'est-à-dire à devenir elles-mêmes bourgeoises. En un mot, elle se crée un monde à son image. »

Comme l'a rendu clair la polémique, pas si lointaine, des années 50, dans les périodes de repli de la classe ouvrière, telle que celle que nous avons traversée dans les dernières décennies — une période de retraite beaucoup plus longue et plus dévastatrice que celle relativement courte des années qui ont suivi la Deuxième Guerre mondiale et qui sont décrites dans ces pages — « l'artillerie lourde » du capitalisme fait des ravages, même parmi les couches les plus conscientes politiquement.

❖

La réponse à la seconde question est également importante.

Les articles d'Evelyn Reed, « Le marxisme et la question de la femme » et « Anthropologie : marxiste ou bourgeoise ? »,

« La création du besoin de "courir les magasins", jouant avant tout sur les insécurités des femmes et des adolescents, n'a fait que s'approfondir et se propager. » —*Mary-Alice Waters*

Selon sa mère, une « créatrice de contenu sur les réseaux sociaux », son fils de 5 ans est obsédé par le fait de sentir bon. Elle dépense régulièrement plus de 300 $ pour lui acheter des eaux de toilette de grande marque.

Instagram

Start them off young

Habituez-les dès l'enfance

« Courir les magasins jusqu'à crouler », une exagération amusante, décrit aujourd'hui une condition sociale réelle, qui entraîne un nombre croissant de familles ouvrières dans un tourbillon de dettes, à des taux souvent usuraires. » —*Mary-Alice Waters*

PRICES

SHOP 'TIL YOU DROP

HEDGEYE

sont parmi ses premiers écrits sur le sujet. Il s'agissait en réalité de « premières esquisses » qu'elle n'a cessé de modifier et d'enrichir et sur lesquelles elle a continué d'écrire et de faire des conférences pendant encore 25 ans. En fait, la présente édition de *Les cosmétiques, la mode et l'exploitation des femmes* inclut les modifications apportées par Evelyn Reed à l'article « Le marxisme et la question de la femme » lorsqu'elle en a préparé des sections en 1969 pour les inclure dans *Problems of Women's Liberation*. Ce livre, ainsi que *Sexism and Science, Is Biology Woman's Destiny?* et *Woman's Evolution*, un livre largement acclamé, tous publiés initialement par les éditions Pathfinder, ont paru dans le monde entier dans plus d'une douzaine de langues.

Le point central de la vive polémique contenue dans *Les cosmétiques, la mode et l'exploitation des femmes*, réside dans ce qu'Evelyn Reed a souvent décrit comme « la Guerre de 100 ans en anthropologie ». Ici comme ailleurs, Evelyn Reed défend le matérialisme historique de Lewis Morgan, l'anthropologue du 19e siècle, dont Karl Marx et Friedrich Engels ont beaucoup utilisé les oeuvres pour leurs propres écrits sur le sujet, et celui de Robert Briffault, continuateur de Morgan au 20e siècle.

Comme le souligne Evelyn Reed, un des principaux fronts dans cette guerre plus que centenaire au sujet du matérialisme historique a été la question suivante : est-il vrai que quelque chose ressemblant au « système patriarcal moderne de relations matrimoniales et familiales a pris racine dans le monde animal » ? Ou bien, ce qu'on appelle souvent « patriarcat » et le statut de seconde classe des femmes ont-ils émergé au cours d'un millénaire beaucoup plus récent (à l'échelle de l'évolution) comme pierre angulaire des sociétés divisées en classe ?

Ici, comme dans ses autres écrits, Evelyn Reed répond à ces questions en termes clairs et compréhensibles. À mesure que se développaient l'agriculture et l'élevage, à mesure qu'augmentait la productivité du travail humain, un surplus de nourriture, au-delà de ce qui était nécessaire à la simple survie, a commencé à s'accumuler. Au fil du temps, certains, dont des prêtres, des chefs tribaux, des chefs guerriers, qui étaient chargés de garder les réserves communales jusqu'à ce qu'elles soient requises, ont commencé à se les approprier. De ces origines, la propriété privée et toutes ses institutions de classe ont fini par émerger et en sont venues à dominer toutes les relations sociales, y compris les relations entre les hommes et les femmes.

Comme cela s'est répété de nombreuses fois et de différentes manières dans le monde entier, un petit nombre d'hommes ont émergé pour la première fois en tant que classe dominante. Dans des conflits sanglants, ils ont subjugué d'autres hommes. Avec le bétail et d'autres animaux domestiques, les femmes et leurs enfants sont devenus de précieux biens privés. Familia, la racine latine du terme « famille », *signifiait* « un homme et ses esclaves ».

« Ce débat, explique Evelyn Reed, occulte la question de la lutte des classes et de l'idéologie de classe. »

Si la société de classe et le statut subordonné des femmes qui l'accompagne ne sont qu'un stade de l'histoire humaine, un stade qui est apparu dans une conjoncture particulière pour des raisons spécifiques, alors ils pourront également être éliminés dans une autre conjoncture historique pour d'autres raisons spécifiques.

Si les relations sociales ont évolué, à travers des stades distincts de la préhistoire et de l'histoire de la société humaine, déterminés par des niveaux croissants de productivité du travail et par des relations sociales changeantes et accompagnés de conflits violents et prolongés, *alors le capitalisme et la domination capitaliste ne sont pas davantage permanents que les différentes relations sociales et de propriété qui l'ont précédé.*

Ceux qui aujourd'hui étudient et écrivent à propos du développement du travail social et des premiers stades de l'organisation sociale peuvent compter sur des travaux de recherche beaucoup plus importants et plus approfondis que les premiers anthropologues ou même que ceux de la génération d'Evelyn Reed. Cela ne fait aucun doute. La lumière continuera de se faire sur les complexités, les contradictions et la variété de l'évolution sociale de l'humanité.

Toutefois, comme l'indique Evelyn Reed, reconnaître la diversité « ne peut nous dispenser d'étudier l'histoire sociale et d'expliquer l'*évolution* de la société humaine telle qu'elle a progressé à travers les âges ».

L'argument selon lequel, puisqu'on retrouve différentes formes de mariage dans les vestiges de groupes primitifs du monde entier, par conséquent, chacun peut « choisir celle qu'il préfère », n'a aucune valeur, explique Evelyn Reed. Cela revient à dire que « puisqu'il y a encore aujourd'hui des vestiges de rapports de classe féodaux et même esclavagistes, cela signifie qu'il n'y a pas eu d'enchaînement historique, de l'esclavage au féodalisme et au capitalisme, et que ce que nous avons n'est qu'une "diversité de formes". »

La Guerre de 100 ans en anthropologie est loin d'être terminée.

En réalité, le débat est devenu plus aigu aujourd'hui en raison des efforts d'idéologues « politiquement corrects » pour obscurcir les faits. Ces idéologues de la classe moyenne, qui sont à l'aise dans leurs sanctuaires universitaires et professionnels, éludent les questions de classe difficiles de l'histoire et de l'émancipation sociale grâce à des proclamations selon lesquelles la planète entière a été « colonisée » par les Européens blancs.

Contrairement à cette vision du monde de la classe moyenne privilégiée, les tâches historiques auxquelles l'humanité est confrontée demeurent les luttes contre l'assujettissement des femmes, les questions nationales non résolues dans le monde entier, la solidarité de classe et les luttes contre toutes les formes d'oppression et d'exploitation capitalistes, en un mot : la lutte mondiale pour le pouvoir ouvrier et le socialisme.

◆

« La lutte de classe est un mouvement d'*opposition* et non d'*adaptation*, souligne Evelyn Reed, et ceci est vrai non seulement pour les travailleurs dans les usines, mais aussi pour les femmes, aussi bien celles qui travaillent que celles qui restent au foyer. » Cette nouvelle édition de *Les cosmétiques, la mode et l'exploitation des femmes* se présente comme une contribution à ce mouvement et à cette lutte.

Comme l'a exprimé Evelyn Reed en dédiant son livre *Woman's Evolution* : « Aux femmes, sur la voie de la libération. »

Comme si c'était écrit aujourd'hui

ISABEL MOYA

« L 'utilisation de cosmétiques mérite-t-elle qu'un
marxiste y prête attention ? »
JACK BUSTELO

« NU OU VÊTU, HABILLÉ de lin ou de polyester, rasé, épilé,
tatoué, peint, orné de perles ou de billes en céramique, si-
liconé, lipoaspiré, couvert de cicatrices, visibles ou invi-
sibles, ou de perçages aux endroits les plus inimaginables,
teint, blanchi, grisonnant, illuminé, soumis à des régimes
et à des séances au gymnase ou abandonné au royaume des
glucides et des graisses, le corps humain est une représen-
tation, une révélation de soi-même et des autres femmes
et hommes. »

J'ai écrit ces quelques réflexions dans un article intitulé « Ce corps enveloppé de beauté », qui figure dans un
autre livre présenté lors de la Foire internationale du livre
il y a quelques jours. Mais la polémique sur le corps et les

Remarques d'Isabel Moya lors de la présentation de l'édition cubaine
de *Les cosmétiques, la mode et l'exploitation des femmes* à la Foire internationale du livre de La Havane le 14 février 2011. Isabel Moya (1961-
2018) était l'une des dirigeantes de la Fédération des femmes cubaines
et directrice de sa maison d'édition, Editorial de la Mujer.

femmes, et en particulier sur les diktats et le contrôle exercés sur eux, qui pourrait tout à fait apparaître comme appartenant au troisième millénaire, a provoqué un débat il y a plus d'un demi-siècle dans les pages du journal ouvrier new-yorkais *The Militant* et s'est poursuivie dans un bulletin du Parti socialiste des travailleurs aux États-Unis.

Ce débat est rendu disponible dans le livre que nous présentons aujourd'hui, *Les cosmétiques, la mode et l'exploitation des femmes*, par Joseph Hansen, Evelyn Reed et Mary-Alice Waters. Cette dernière, qui est avec nous cet après-midi, a écrit une préface éloquente expliquant le contexte dans lequel ce débat s'est déroulé.

À mon avis, ce livre a plusieurs mérites. Tout d'abord, il situe la problématique du contrôle du corps des femmes dans le cadre de la reproduction des valeurs patriarcales durant la phase actuelle d'explosion consommatrice de l'impérialisme qui, paradoxalement, atteint aujourd'hui son expression maximale et sa crise structurelle la plus profonde.

Bien que nous sachions que les promesses de jeunesse et de beauté remontent aux origines de l'humanité, les expressions exaltées qu'on retrouve dans la publicité d'aujourd'hui — qui promet la jeunesse et la beauté non seulement grâce à des crèmes et à toutes sortes d'alchimies, mais aussi par la chirurgie — sont apparues sous cette forme moderne dans les années 1950.

En outre, le débat applique une analyse féministe marxiste et une perspective de classe à la question de la femme. Cela est extrêmement utile dans notre contexte, où certains hommes et certaines femmes considèrent encore le féminisme comme quelque chose d'exogène, dont l'origine et l'importance sont douteuses.

Je dois reconnaître que, contrairement à certaines de ses contemporaines, j'ai beaucoup apprécié l'ironie de l'article de Joseph Hansen (alias Jack Bustelo). Il a touché un point sensible qui a débouché sur les importants essais : « Le marxisme et la question de la femme » d'Evelyn Reed et « Le fétiche des cosmétiques » de Hansen lui-même. Les deux articles sont reproduits plus loin dans ce livre.

L'inclusion de lettres de lectrices, et pas seulement de théoriciennes, fournit un bon exemple de comment les pouvoirs dominants poussent les classes exploitées à intérioriser le discours sur la beauté féminine que ces pouvoirs dominants ont eux-mêmes développé et comment, en retour, il est indispensable de se conformer à ce diktat culturel pour pouvoir entrer sur le marché du travail.

Dans le contexte cubain, où les programmes d'études sur le genre sont de plus en plus nombreux — nous comptons aujourd'hui quelque 33 programmes d'études sur les femmes ou le genre, plusieurs maîtrises et des dizaines de thèses sur le sujet — ce livre nous permet d'aborder la question avec une approche marxiste.

Mais la partie du débat qui m'a peut-être le plus émue et qui, je pense, pourrait être une source d'inspiration pour le peuple cubain en général et pour les spécialistes en particulier, ce sont les réflexions esquissées dans les pages de ce livre sur ce que la beauté signifiera sous le socialisme, sur la manière dont le corps des femmes sera considéré dans la nouvelle société.

Comme Hansen lui-même l'a écrit, ce type de débat ne doit pas être considéré comme secondaire ou accessoire. Je cite : « Avec les cosmétiques, ce qu'on a, c'est un fétiche, un fétiche particulier dans le fétichisme général du monde des marchandises. Le pouvoir particulier des cosmétiques vient du fait que non seulement des relations économiques, mais aussi des relations sexuelles y sont attachées. Telle est la véritable source de la "beauté" que les hommes et les femmes voient dans les cosmétiques. »

Les cosmétiques, la mode et l'exploitation des femmes est un livre qu'on peut considérer comme un ouvrage de philosophie, d'esthétique, d'économie ou d'étude sur le genre. On peut aussi le voir comme une bibliographie. Mais à mon avis, il est surtout destiné à provoquer un débat permanent sur la théorie, la pratique politique et la vie quotidienne, un débat à la fois sur la manière dont nous interagissons les uns avec les autres et sur les moyens de communication.

Au milieu de la prolifération de tellement d'inepties dans les médias, l'analyse d'Evelyn Reed semble avoir été écrite aujourd'hui. Je cite : « Notre tâche consiste donc à dénoncer à la fois le système capitaliste, comme la source de ces maux, et son énorme machine de propagande, qui dit aux femmes que le chemin vers une vie réussie et l'amour passe par l'achat de choses. Approuver ou accepter les normes capitalistes dans n'importe quel domaine, de la politique aux cosmétiques, c'est soutenir et perpétuer ce système de profit impitoyable et son oppression continue des femmes. »

À sa manière, une Cubaine avec une perspective universelle, Dulce María Loynaz, revendiquait aussi, comme Evelyn Reed, le droit des femmes à leur être divers et multiple.

> Si tu m'aimes, aime-moi tout entière,
> Pas par zones d'ombre ou de lumière...
> Si tu m'aimes, aime-moi noire
> et blanche, et grise, et verte,

et blonde, et brune...
Aime-moi le jour,
Aime-moi la nuit...
Et à l'aube par la fenêtre ouverte !

Si tu m'aimes, ne me brise pas en morceaux :
Aime-moi tout entière... ou ne m'aime pas du tout !

1
TIRÉS DES PAGES
DU **MILITANT**

JACK BUSTELO

Des gammes déclinantes de cosmétiques tentent un lifting

AVEZ-VOUS REMARQUÉ dernièrement qu'il y a moins de filles avec une peau que vous aimez toucher [*] ?

Ce ne sont pas vos yeux qui vous jouent des tours. C'est réellement le cas. L'Association des produits de toilette a révélé qu'après 13 années de profits soutenus, les fabricants de cosmétiques ont vu leurs ventes plonger brusquement au cours du premier trimestre de 1954, au moment même où le chômage montait en flèche. Les chiffres n'ont pas été publiés, mais ils doivent être alarmants, car le déclin inattendu de l'utilisation de rouge à lèvres, de crème pour le visage, de fard, de poudre, de couleurs pour les sourcils, de fixatif, de verni à ongles et de produits contre les boutons a effrayé l'industrie.

Mais ne vous inquiétez pas. Contrairement à l'image d'un Autochtone qu'utilisaient des magasins de tabac, le teint d'écolière n'est pas en train de disparaître. De galants champions se précipitent vers la scène du danger, prêts à tout donner pour une grande institution américaine.

Cet article et l'échange de lettres à la rédaction publiés ici sont parus pour la première fois dans les éditions du 26 juillet au 6 septembre 1954 du journal socialiste *The Militant*.

Pour sauver un marché annuel d'un milliard de dollars et peut-être du même coup en gagner la plus grande part, trois fabricants, à eux seuls, Hazel Bishop Inc., la société des produits Revlon et la division Toni de la compagnie Gillette, investiront plus de 33 millions de dollars durant la prochaine année dans des campagnes publicitaires pour leurs produits. Cela représente une augmentation d'environ 30 % par rapport à l'an dernier, selon l'édition du 16 juillet du *Wall Street Journal*, qui en a le souffle coupé.

D'autres champions de la beauté convoitent tout autant l'honneur, et les profits qui en découlent, de délivrer les Américaines de leurs mains abîmées par la vaisselle, de leur peau grasse, de cheveux trop fins, de pellicules éloquentes, de cous ridés et de doubles mentons. La liste comprend Warner-Hudnut Inc., Lehn & Fink, Procter & Gamble, Helena Rubinstein, les Industries Helene Curtis, Harriet Hubbard Ayer et Elizabeth Arden.

Opération Grande Poussée

Ces compétiteurs préparent en ce moment même l'opération Grande Poussée pour le mois prochain. Ils ont déjà établi quelques têtes de pont. Par exemple, Toni a lancé son troisième nouveau cosmétique en trois mois, une crème pour le visage que seulement les mots Deep Magic [Magie profonde] peuvent décrire. Elle fait suite à un shampoing nommé Pamper [Dorloter] et à un rouge à lèvres dernier cri, Viv.

On a affecté la coquette somme de cinq millions de dollars pour les claironner à la radio et à la télé, avec pour

---

* Le slogan « une peau que vous aimez toucher » est tiré d'une publicité de 1927 utilisée pendant des décennies pour les cosmétiques Jergens.

objectif d'enfoncer dans la tête de chaque fille et de chaque femme du pays le principe fondamental de l'industrie cosmétique, à savoir qu'un beau teint, de jolies mains et de ravissants cheveux ne sont pas innés, ils sont fabriqués.

Revlon aussi est descendu dans l'arène, toutes banderoles déployées. Son cri de guerre est le rouge à lèvres Lanolite, en deux teintes, l'une pour le matin et l'autre pour le soir. Et afin de garder vos cheveux en place lorsque vous êtes sur la plage au clair de lune, vaporisez-vous la tête à l'aérosol Silken Net [Filet soyeux].

Pour ne pas être prise en souricière, Hazel Bishop a un fard liquide, Complexion Glo [Éclat du teint], pour donner à vos joues la couleur idéale. Et l'entreprise a annoncé qu'elle dévoilera sous peu des armes secrètes en représailles aux produits Cream Puff [Chou à la crème] de Max Factor et Angel Face [Visage d'ange] de Pond Extract.

« Caméléonesque »

Les nouveaux produits de Hudnut comprennent Quick [Rapide], une permanente faite à la maison qui frisera vos cheveux en un rien de temps ; Hair Repair [Réparation des cheveux], à utiliser si les choses tournent mal ou si le vent, le soleil, le sable ou la pluie vous décolorent les cheveux ; et Bloom [Floraison], un fard tellement fantastique qu'on peut seulement le décrire comme étant « semblable à un caméléon ».

Procter & Gamble, l'un des grands et puissants au royaume du savon, entre en trombe dans le combat des cosmétiques avec Lilt [Rythme], une permanente à appliquer à la maison. Elle fait également des essais pour Pin-It [Fixez-les] afin de prouver qu'elle dure plus longtemps, qu'elle est plus rapide et puissante que Bobbi, la permanente de Toni.

Des nouvelles passionnantes arrivent sur le front des poils indésirables. Arden se joint au combat avec un tir de barrage à la télé pour sa nouvelle crème épilatoire, Sleek [Soyeux], qui vous aide à garder cet air satiné et ravissant en limitant la repousse de ces vilains poils et l'ombre qui apparaît en fin d'après-midi.

Dans cette bataille pour la beauté, Revlon est actuellement en tête dans le secteur des vernis à ongles, mais d'autres promettent de lui faire une concurrence féroce. La grande artillerie de réserve de Revlon est une liste de 7 000 teintes. Deux fois par an, elle choisit une nouvelle teinte et l'étend d'est en ouest sur des millions de bouts de doigts et d'orteils avec des noms aussi délectables que « Fire and Ice » [Feu et glace] ou « Kissing Pink » [Le rose qui fait la bise].

La crème de la Reine des abeilles

En ce qui concerne les crèmes pour le visage, la société des produits General Beauty, une filiale de Coty, propose ce qu'elle promet d'être une bombe de gros calibre, si ce n'est une bombe atomique : la Queen Bee Cream [La crème de la Reine des abeilles], une crème faite à partir de la substance avec laquelle les abeilles nourrissent les larves de la ruche choisies pour devenir des reines. Elle est spécialement conçue pour les filles qui éprouvent les sentiments de ce genre de larves.

Dans le combat pour empêcher la fille américaine de retomber dans les coutumes barbares du passé — lorsque le savon et l'eau lui donnaient un teint ayant l'air propre les jours de la semaine et qu'un soupçon de jus de fraises et de poudre de riz lui donnait la finition supplémentaire nécessaire pour le bal du samedi soir — les fabricants de cosmétiques ont mobilisé quelques-uns des meilleurs généraux de la publicité du pays.

Surpasser Serutan

L'un de ceux que craignent le plus les autres fabricants est M. Spector, l'expert en publicité de Hazel Bishop. C'est lui qui a pris un laxatif simple mais infaillible et en a fait une habitude nationale seulement en épelant « natures » à l'envers. Depuis 1950, il a transformé Hazel Bishop d'une compagnie criblée de dettes en une entreprise dont les ventes se sont élevées à 11 millions de dollars l'année dernière et pourraient atteindre 18 millions cette année. Contre lui se dressent des personnages tels que R. N. et Irving Harris, qui ont développé en 1944 une trousse de permanente maison avec laquelle ils ont construit en quatre ans une entreprise de 20 millions de dollars de chiffre d'affaires annuel grâce à des slogans éblouissants comme « Laquelle des jumelles a la Toni ? »

Avec des cerveaux comme ceux-là qui s'attaquent au problème, avec tous ces intérêts concurrentiels et avec tous ces millions qui affluent dans les canaux publicitaires, je pense que nous pouvons tous nous sentir en sécurité — enfin au moins à moitié en sécurité. Ils convaincront les femmes américaines de rester belles.

S'il vous plaît, les filles, ne laissez pas une réduction des emplois entraîner une réduction de vos cosmétiques. Si vous êtes licenciées, ne mettez pas votre rouge à lèvres à la porte. Rappelez-vous : pour demeurer prospères, vous devez conserver votre maquillage.

LE 26 JUILLET 1954

Les cosmétiques et les femmes

Au rédacteur en chef,

Je voudrais formuler certaines critiques de l'article paru dans l'édition du 26 juillet sous le titre : « Des gammes déclinantes de cosmétiques tentent un lifting ».

Je ne conteste pas l'intention de l'auteur, car il semble évident qu'il cherche à s'en prendre aux entreprises de cosmétiques qui, pour leur plus grand profit, font des affaires en exploitant les aspirations profondes des femmes. Mais malgré l'objectif évident de l'article, on a le sentiment que celles dont on se moque, ce sont des femmes.

Pour s'attaquer efficacement à ces entreprises, nous devons d'abord comprendre pourquoi les femmes sont si vulnérables à leurs astuces publicitaires. Au lieu de décrire les femmes comme un peu ridicules, nous devons savoir ce qu'elles veulent, sympathiser avec elles et puis traduire leurs désirs en action en montrant qu'elles ne pourront obtenir toutes ces choses que par le socialisme.

Alors, que veulent les femmes, pour que les entreprises de cosmétiques puissent si facilement en tirer des profits pour elles-mêmes ? Elles veulent un peu de charme et de beauté dans leur vie. Elles veulent s'élever au-dessus du pénible travail d'usine, qui les fait suer, qui déforme leur corps et les démoralisent sous le poids de la fatigue et du désespoir. Quant à la femme au foyer, toujours en quête d'une façon de s'en sortir avec un salaire de travailleur, elle tente de s'évader de cette monotonie et de cette routine ennuyeuse. Non seulement croule-t-elle sous d'innombrables tâches ménagères qui ne lui laissent aucun temps pour s'occuper d'elle-même, mais elle n'a pas les moyens de s'offrir de bons vêtements. Elle perd rapidement toute la jeunesse et le charme qui lui appartiennent de droit. Et aussi bien l'épouse que l'époux gardent le sentiment qu'ils se sont fait voler quelque chose d'essentiel.

Il nous faut reconnaître que, comme beaucoup d'autres bonnes choses dans la vie, comme le temps libre pour étudier, voyager, apprécier l'art et la littérature, la beauté est monopolisée principalement par les riches. Aussi belle que puisse avoir été une femme durant son enfance, aussi avantagée qu'elle ait pu être dans sa jeunesse, tout cela se dissipe rapidement au sein de la classe ouvrière. Si elle doit vaincre mille obstacles pour préserver sa santé, comment pourrait-elle rester attrayante ?

Les riches sont beaux parce que les travailleurs sont misérables. Si nous comprenons ça, nous pourrons montrer aux femmes une façon de sortir de ce dilemme. Ce désir des femmes a un aspect progressiste parce qu'il fait partie de la rébellion des femmes contre un statut qui leur nie une partie de leurs droits en tant qu'êtres humains.

Sur la base des ravages causés par le capitalisme et de la confusion qui règne parmi les femmes, ces compagnies de cosmétiques peuvent commettre une fraude et un méfait contre ces femmes. Elles promettent de leur donner ce que le capitalisme leur a enlevé. Nous pouvons montrer que le socialisme fera fleurir la beauté sous toutes ses formes et que chaque individu se développera au mieux de ses capacités, tant physiques qu'intellectuelles.

LOS ANGELES, CALIFORNIE

LE 9 AOÛT 1954

JACK BUSTELO

La beauté est-elle plus profonde que les cosmétiques ?

À la rédaction,

Je suis reconnaissant à Louise Manning pour sa critique, dans le *Militant* de la semaine dernière, de mon article « Des gammes déclinantes de cosmétiques tentent un lifting ». Elle soulève des questions intéressantes et importantes, qui vont au-delà de ce que je visais par mon article dans l'édition du 26 juillet sur la baisse des ventes de cosmétiques et sur ce que les charlatans envisagent de faire à ce sujet.

Il y a, cependant, un point sur lequel je dois exprimer mon désaccord avec elle. Je ne crois pas que « la beauté est monopolisée principalement par les riches » et que les « riches sont beaux parce que les travailleurs sont misérables ».

Il me semble qu'on pourrait tout aussi bien dire que « la moralité est monopolisée principalement par les riches » et que les « riches ont une conduite morale parce que les travailleurs ont une conduite immorale ».

Si quelqu'un tentait de prouver que les riches sont beaux en citant des exemples, il ferait rapidement face à quelques difficultés. Pour la bourgeoisie, quelle période choisirait-il ? La période de son ascension, quand l'avare mesquin et l'économiste puritain étaient les modèles à suivre ? Ou la période de l'expansion impérialiste, quand le modèle est l'officier à la poitrine bombée qui se pavane avec ses rubans et ses médailles militaires ? Ou une période de richesse ostentatoire, quand le modèle est l'actionnaire qui flâne sur le pont d'un yacht ? Manifestement, il est difficile de trouver la beauté absolue au sein de la société bourgeoise. L'idéal semble varier.

En cherchant un critère plus solide, on pourrait aller au-delà des limites de la société capitaliste et comparer ses concepts de beauté avec ceux d'autres sociétés. Par exemple, l'idéal bourgeois américain d'après-guerre à la belle poitrine — que ce soit avec un soutien-gorge rembourré et renforcé de tiges d'acier ou bien, comme Christian Dior vient de le décréter, avec la poitrine aplatie — serait un intéressant sujet d'étude comparative avec, disons, l'idéal balinais où les femmes préfèrent leur poitrine libre de tout vêtement.

Dans le domaine des cosmétiques, on pourrait comparer le masque figé du bourgeois névrosé, qui étale ses vêtements comme s'il était un étendoir à linge, avec l'homme primitif, qui s'embellit en limant ses dents, en se mettant un os dans le nez, des soucoupes dans les lobes d'oreilles et qui rend ses cheveux attrayants en les imprégnant de beurre rance. Et, vraiment, l'un est-il plus beau que l'autre ?

Même pour les pieds, il est difficile de trouver une norme absolue qui transcende la société. L'idéal bourgeois d'aujourd'hui, une femme en équilibre sur des talons ai-guilles, est peut-être meilleur que l'idéal du riche man-darin chinois dont la femme, par dévotion à la beauté, se bandait les pieds. Mais alors, comment les deux se com-parent-elles aux femmes qui portent des sandales ? Ou à celles qui vont pieds nus ?

« D'un point de vue matérialiste, les normes de beauté, comme celles de la morale, sont déterminées par la classe dirigeante. Les normes ne sont pas figées. » —*Joseph Hansen*

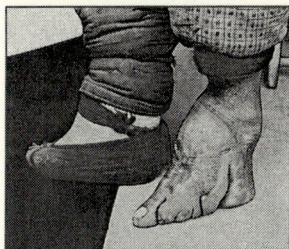

« L'idéal bourgeois d'une femme juchée sur des talons hauts est peut-être meilleur que celui des épouses aux pieds bandés du riche mandarin chinois. » Mais cela ne fait que souligner « qu'il n'y a pas de norme absolue au-dessus des classes sociales ». —*Joseph Hansen*

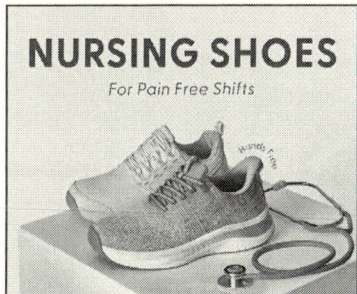

NURSING SHOES
For Pain Free Shifts

Septembre 2024, le *New York Times* rapporte : « Les infatigables infirmières diplômées connaissent bien l'importance de chaussures confortables. »

Les infirmières en grève disent que le vrai problème, ce ne sont pas les chaussures, mais les patrons qui veulent moins d'infirmières et des quarts de travail plus longs.

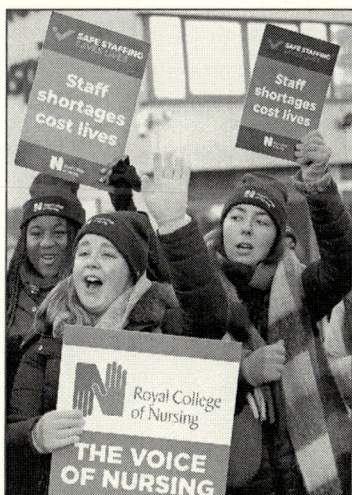

Infirmières devant l'hôpital Saint-Thomas à Londres, durant une grève nationale en décembre 2022.

D'un point de vue matérialiste, les normes de la beauté comme celles de la morale sont déterminées par la société. Bien que cela puisse se faire de manière indirecte, c'est la classe dirigeante qui en dernière analyse les définit. Les normes sont loin d'être figées. Et lorsque survient une révolution, elles sont souvent rejetées avec une rapidité saisissante.

Je pense que lorsque la société capitaliste cédera la place au socialisme et que les nouvelles générations évalueront ce dont elles auront hérité, peu de choses dans le débarras bourgeois de la morale et de la beauté s'avéreront très utiles.

Au début, la nouvelle société sera probablement beaucoup plus intéressée à la vérité, avant tout la vérité sur l'esprit humain, sa sous-structure physique, ses qualités, son rapport avec d'autres esprits, ses potentialités et comment les réaliser.

De l'étude de telles tendances dans la fraternité mondiale de paix et de bien-être durables émergeront, si je peux me risquer un pronostic, des domaines complètement nouveaux et insoupçonnés dans lesquels les grands artistes du futur considéreront à nouveau la question de la beauté sur un plan qualitativement différent.

L'importance accordée aux cosmétiques dans notre société misérable et superficielle sera alors vue pour ce qu'elle est vraiment : l'un des signes de la barbarie de l'époque actuelle. Dans la société nouvelle, ceux qui aiment la beauté ne ressentiront aucun besoin, je pense, de décorer les fleurs.

Quant à l'impression qu'a eue Louise Manning selon qui j'ai présenté les « femmes comme un peu ridicules » en dépit de mes bonnes intentions, je suis incapable d'y répondre. Je ne nie pas que l'inconscient puisse nous jouer des tours, mais j'espère n'être tenu responsable que de ce dont j'étais conscient.

Je pense que la plupart des coutumes et des normes de la société capitaliste sont ridicules et même perverses, y compris les coutumes et les normes des riches bourgeoises. Quant aux femmes ordinaires, qu'elles soient ménagères ou travailleuses, je pense qu'elles sont belles, peu importe à quel point elles sont épuisées par le travail ou aguerries par l'expérience, car ce sont elles qui seront aux premiers rangs de la lutte pour construire un monde nouveau et meilleur.

Elles seront admirées dans une époque future comme nous admirons les robustes pionnières de l'Amérique qui maniaient la hache, car leur beauté réside dans leur caractère, qui se manifeste non pas dans les cosmétiques qu'elles s'offrent le luxe d'utiliser, mais dans les actions qu'elles accomplissent.

NEW YORK

LE 16 AOÛT 1954

Nous vivons dans le monde
tel qu'il est aujourd'hui

À la rédaction,

Moi aussi, comme Louise Manning, j'ai été un peu perturbée par l'article de Jack Bustelo sur les cosmétiques. Il s'avère que je suis une travailleuse avec une famille dont je dois m'occuper. J'ai donc beaucoup apprécié l'article d'il y a quelques semaines sur la semaine de travail de 72 heures des mères qui travaillent.

Les longues heures dans une usine, en plus des tâches domestiques et de la garde des enfants après le travail, expliquent peut-être le fait que je n'ai pas les joues roses, mais plutôt un certain nombre de rides et de boutons. Cela a peut-être quelque chose à voir avec le fait que mes yeux ne scintillent pas, que mes jambes sont fatiguées et que les pieds me font mal. Peut-être, Jack, es-tu tenté de rire et de te moquer du fait que j'utilise des produits de beauté populaires pour surmonter certaines des difficultés que doit affronter une femme qui travaille pour gagner sa vie. Ris tant que tu voudras, mais je doute que tu ailles jusqu'à rire si je te dis que je n'ai pas l'argent pour aller voir un médecin pour mes boutons ni le temps pour me reposer du travail et accorder un peu de soleil à mes joues dans un quelconque lieu de villégiature au bord d'un lac.

Ou peut-être crois-tu réellement ce que tu as écrit en réponse à Louise Manning, que les « femmes ordinaires, qu'elles soient ménagères ou travailleuses, [...] peu importe à quel point elles sont épuisées par le travail ou aguerries par l'expérience », sont belles. Si tu le crois vraiment, je peux alors comprendre pourquoi tu ridiculises nos efforts de paraître un peu moins meurtries et fatiguées que nous le sommes en réalité. Mais en ce qui me concerne, je vis dans le monde tel qu'il est aujourd'hui, avec ses normes de beauté et ses coutumes sociales. Il est très important pour moi que mon mari, mes enfants, mes collègues de travail et mes amis apprécient ma compagnie et que je puisse contribuer quelque chose à la beauté et à la joie de notre association aujourd'hui, selon les normes d'aujourd'hui et non celles de la société future.

Dans mon monde, le monde d'une travailleuse d'usine, il est assez largement admis que « la beauté est monopolisée principalement par les riches ». Pour ma part, et je pense pouvoir parler au nom de toutes les filles de l'atelier où je travaille, nous aimerions beaucoup avoir quelques-uns des beaux vêtements semblables à ceux que l'on voit sur « l'étendoir à linge » bourgeois. Nous aimerions aussi avoir fait le voyage de vacances dont revient tout juste la femme du patron. Quel beau bronzage et quel éclat dans ses yeux quand elle est rentrée !

Tu penses peut-être que nous, les filles, désirons à tort nous offrir certaines normes capitalistes « ridicules et même perverses ». Réfléchis encore, Jack. Louise Manning a tout à fait raison quand elle voit nos désirs et nos luttes comme faisant « partie de la rébellion des femmes contre un statut

qui leur nie une partie de leurs droits en tant qu'êtres humains ». Dans l'ensemble, ton article sur les cosmétiques
n'était pas si mauvais. Mais tu as vraiment aggravé ton cas
quand tu as essayé de répondre aux critiques de Louise
Manning.

D'une travailleuse du vêtement
« aguerrie par l'expérience »
SAN FRANCISCO, CALIFORNIE
LE 30 AOÛT 1954

HELEN BAKER

Cosmétiques et pressions économiques

À la rédaction,

Dans un article sur l'industrie des cosmétiques il y a quelques semaines, vous vous êtes habilement moqué de la publicité ridicule des entreprises et vous avez facétieusement proposé aux femmes un retour au savon pur, à l'eau et au jus de baies. Personnellement, pouvoir renoncer aux ennuis et aux frais du maquillage me soulagerait énormément, mais le capitalisme ne me le permet pas. Je ne suis pas dupe de la publicité entourant les produits de beauté, mais la pression économique — je dois gagner ma vie — m'obligent à acheter et utiliser ces fichus trucs.

Les cosmétiques sont un exemple parfait de la discrimination particulière que subissent les travailleuses. Loin d'être des produits de luxe (bien qu'ils soient taxés comme tels), les cosmétiques sont une triste nécessité pour la travailleuse plus âgée ou celle que la nature n'a pas avantagée physiquement. Sur le marché de l'emploi et au travail, elle doit continuellement rivaliser avec des filles plus jeunes ou plus attrayantes. Il est rare qu'un patron préfère des travailleuses expérimentées et efficaces à celles qui rayonnent d'un charme à la Hollywood.

Un travailleur qualifié qui fait une demande d'emploi est socialement acceptable tant qu'il se présente propre et soigné. Et des jeans sales et une barbe d'un jour sont considérés comme « normaux » … pour un homme. Mais s'il s'agit d'une femme, la candidate doit non seulement être qualifiée au niveau technique, elle doit être bien habillée, impeccablement soignée de sa personne, tirée à quatre épingles et elle doit exhaler le charme. Si la couture de ses bas est tordue, c'est la preuve qu'elle n'est pas méticuleuse. Si elle ne se maquille pas, elle est évidemment bizarre ou névrosée ou les deux. Si elle se maquille trop, c'est une dévergondée. Et si elle paraît inquiète (ce qu'elle est d'habitude à propos de son apparence !), elle est totalement inacceptable parce que « les femmes tendues rendent les patrons nerveux ».

Quand elle rentre à la maison après une dure journée de travail, elle passe généralement huit heures de plus à cuisiner, à faire le ménage, à s'occuper des enfants, etc. Mais elle n'est pas encore au bout de ses peines. Vers minuit, épuisée, elle s'épingle les cheveux, s'épile les sourcils et s'affaire à appliquer des crèmes qui pourraient peut-être effacer des rides afin de cacher au patron qu'elle a menti sur son âge pour obtenir l'emploi. Puis arrive l'horrible et inévitable moment où elle doit décider ce que diable elle portera le lendemain ou comment elle utilisera ses trois tenues en faisant croire qu'elle en a six.

Presque *toutes* les agences de placement utilisent des formulaires dont les rubriques sont différentes pour les hommes et les femmes. Pour ces dernières, il y a une section spéciale avec des cases à remplir après une liste de mots comme « Apparence », « Teint », « Personnalité », « Élocution » et « Présentation ». Pourtant, lorsqu'on compare tout ce que doit faire une femme pour obtenir et conserver un emploi au temps, à l'énergie et à la réflexion qu'un homme doit consacrer à cette question, il n'en demeure pas moins que la femme continue de percevoir un salaire inférieur pour un travail égal dans trop d'emplois.

Mais voici le résultat final de l'importance accordée aux cosmétiques aujourd'hui. Si une femme s'égare des voies de la fidélité conjugale, le mari furieux est fortement conseillé — par Inez Robb des publications Hearst — d'administrer une bonne fessée à la pécheresse. Il peut même lui tirer dessus et s'attirer la compassion d'un jury. Mais si le mari trompe une ménagère épuisée qui a des enfants turbulents, une machine à laver brisée, des montagnes de vêtements à raccommoder et les épaules affaissées par le découragement, tous les chroniqueurs s'entendent pour dire qu'elle en est entièrement responsable, car elle n'a pas changé sa coiffure ni mis de rouge à lèvres tous les matins !

Je crains donc d'avoir à m'en tenir au maquillage Pancake de Max Factor au lieu de la poudre de riz… jusqu'au jour où les normes actuelles de beauté sexuelle comme condition pour obtenir un emploi seront jetées à la décharge publique avec le reste des normes artificielles du système capitaliste.

SEATTLE, ÉTAT DE WASHINGTON
LE 30 AOÛT 1954

E. PATRICK

Les normes de beauté de la classe dirigeante

À la rédaction,

À mon humble avis, la lettre de Louise Manning intitulée « Les cosmétiques et les femmes » passe à côté des points pertinents en ce qui concerne les femmes, la beauté, les cosmétiques et le socialisme.

J'utilise des cosmétiques, mais je sais qu'en le faisant, je fais simplement une concession aux normes de la société capitaliste. Dans cette société, les femmes (et les hommes) sont, jusqu'à un certain point, ridicules : ils sont ridicules du point de vue des normes qui existeront sous le socialisme et que défendent dans une certaine mesure ceux d'entre nous qui luttons pour le socialisme. Pour les partisans du capitalisme ou de ses normes de beauté, les cosmétiques accentuent bien la beauté féminine. Mais dans les sociétés antérieures, les femmes se sont étiré les oreilles et les lèvres, se sont percé le nez et réduit les pieds et, pour les partisans de ces sociétés, c'était beau. Ceci ne nous semble pas beau maintenant parce que nous n'avons pas les normes de beauté de ces sociétés barbares.

Lorsque Louise Manning écrit : « Les riches sont beaux parce que les travailleurs sont misérables », elle montre que sa conception de la beauté provient de la société capitaliste. Les riches ne sont beaux qu'en fonction de leurs propres normes, qui en fin de compte relèguent les femmes aux rôles de mère et d'objet. Dans ce cas, la jeunesse est primordiale. Les bourgeoises cherchent par conséquent à paraître jeunes grâce aux cosmétiques, soutiens-gorge gonflables, liftings, etc. Les normes capitalistes de la beauté féminine sont essentiellement établies par des hommes qui, corrompus par une société d'exploitation, ne peuvent voir les femmes que comme des mères ou des objets sexuels. Il ne viendrait jamais à l'esprit de l'un de ces apologistes avoués du capitalisme qu'une femme puisse être un être humain pleinement développé, capable de beaucoup de choses qui ne se font pas au lit.

La norme marxiste de la beauté, tout comme la morale marxiste, découle des besoins de la lutte pour réaliser le socialisme dans le monde. Cette lutte exige, entre autres, de l'intelligence, du courage, de l'honnêteté intellectuelle, de la compassion et une grande volonté. Sans l'aide de cosmétiques, un visage peut être beau s'il reflète l'une ou plusieurs de ces qualités, même à travers un réseau de rides. Un visage peut être lisse à souhait, astucieusement maquillé à souhait pour simuler la fleur de la jeunesse, mais ainsi révéler, à tort ou à raison, une étroitesse d'esprit, de la cupidité, de la lâcheté ou une faiblesse morale et être ainsi d'une laideur repoussante.

En fait, l'attachement actuel des femmes à la société bourgeoise se manifeste dans leur attachement aux normes de beauté de la classe dirigeante. En cela, elles sont ridicules et ne sont ni « progressistes » ni « rebelles » comme Louise

Manning voudrait bien nous le faire croire. Mais comme la classe ouvrière en général, les travailleuses abandonnent ces normes bourgeoises. On verra à l'avenir des piquets de grève et des barricades constitués entièrement de femmes qui, même si elles ne comprennent pas de Miss Univers, atteindront néanmoins une véritable beauté grâce au militantisme, la combativité, l'intelligence et la compréhension sociale développés par ces combattantes.

LOS ANGELES, CALIFORNIE

LE 30 AOÛT 1954

SAM STERN

Nous devons savoir
ce que les femmes veulent

À la rédaction,

Les débuts d'une discussion ne révèlent pas toujours les divergences, qui se développent par la suite sous une forme plus précise. Dans son article sur les cosmétiques et dans sa réponse à Louise Manning, Jack Bustelo montre maintenant plus clairement en quoi consiste le problème.

En abordant la question des femmes, nous devons éviter le sectarisme tout comme nous le faisons dans n'importe quel autre domaine de notre activité. Il faudrait éviter de tomber dans le même piège que les staliniens de la « troisième période », dont le sectarisme les a conduits à se moquer des normes existantes et en a fait la risée des masses [*].

---

[*] En 1929, l'Internationale communiste proclama que le capitalisme mondial était entré dans sa « troisième période », la période de son effondrement final. Il s'agissait d'une rationalisation politique du cours sectaire gauchiste initié sous la direction de Staline aussi bien en Union soviétique que par l'Internationale communiste et ses partis dans le monde. Les staliniens qualifièrent la social-démocratie de « social-fasciste ». Ils refusèrent toute action commune avec les partis et les syndicats dirigés par des sociaux-démocrates et abandonnèrent la lutte pour constituer un front unique afin de défendre les intérêts

Opposer notre propre conception de ce qui est séduisant à ce que demandent la masse des femmes est une grave erreur. Nous ne discutons pas de ce qu'étaient ces normes dans la société primitive, ni de ce qu'elles seront sous le socialisme, ni de ce que nous pensons qu'elles devraient être maintenant. En tant que parti révolutionnaire, nous devons savoir ce que veulent les femmes aujourd'hui, puisque leurs désirs découlent de normes qu'elles doivent constamment atteindre dans toutes leurs activités. Nous ne pouvons pas ignorer ces désirs en prétendant qu'ils ne sont pas importants et que nous devons plutôt rechercher des valeurs plus permanentes dans la personnalité des femmes.

Les femmes veulent des vêtements de qualité. Elles veulent aller au salon de coiffure pour une permanente ou une coupe de cheveux. Elles ont besoin de temps et d'argent pour ces choses. L'idée qu'une femme devrait se satisfaire de vêtements mal coupés ou de qualité médiocre ou que sa coiffure et son maquillage ne comptent pas parce qu'il y a des choses plus importantes est encouragée par les riches, non pas pour eux-mêmes, mais pour que la travailleuse accepte son sort plus facilement. Nous devons couper court à tout cela. Bien sûr, ce sont des standards bourgeois, mais ce sont les normes que les femmes doivent respecter. Personne ne sait ce que seront les standards sous le socialisme. De quel droit pouvons-nous dire aux femmes : « Vous n'avez pas besoin de toutes ces choses que les riches possèdent ? »

Si les femmes désirent ces choses, elles devraient les avoir et nous devons les soutenir dans leur lutte pour les

---

des travailleurs et de leurs alliés. Ce cours ultragauche s'est également exprimé dans les politiques culturelles et les normes sociales promues par les Partis communistes au cours de ces années.

obtenir. Cette lutte est plus qu'un combat superficiel pour être plus belles. Elle fait partie de la lutte des femmes pour s'émanciper du statut d'esclave domestique et acquérir leur propre individualité.

La société est suffisamment riche pour accorder ces éléments matériels aux femmes, mais elles devront mener une lutte révolutionnaire pour les obtenir. Plus tard sous le socialisme, quand de nouveaux besoins et de nouveaux désirs émergeront, elles rejetteront peut-être ce qu'elles recherchent aujourd'hui. Mais ne substituons pas la société du futur aux besoins d'aujourd'hui.

LOS ANGELES, CALIFORNIE

LE 6 SEPTEMBRE 1954

2

LA DISCUSSION AU SEIN
DU SWP

MARJORIE MCGOWAN

L'article de Bustelo est offensant, présomptueux et erroné

À la rédaction,

Je souhaite me joindre à la discussion dans le journal sur la question des cosmétiques en affirmant sans ménagement que l'article de Jack Bustelo, « Des gammes déclinantes de cosmétiques tentent un lifting », m'est apparu, quant à son ton, à la fois offensant et présomptueux, et quant à son contenu et à ses implications, erroné. Je crois que les rédacteurs devraient faire preuve de plus de discernement dans la publication d'articles qui pourraient être controversés. Ou alors, il est fort possible que ce qui est indiqué, ce soit une controverse qui éclaircira pour les éditeurs de quelle manière ils devraient faire preuve de discernement. En tout cas, il a semblé évident à une lectrice comme moi que l'article de Jack Bustelo n'avait pas du tout sa place dans le journal, avec ses normes élevées de journalisme révolutionnaire. La lettre suivante de Bustelo, en date du 16 août [voir pages 65-69], un tissu de demi-vérités

---

Les articles et lettres publiés ici sont parus pour la première fois en octobre 1954 dans le *Bulletin de discussion* du Parti socialiste des travailleurs.

présentées dans une prose recherchée mais dénuée de sens, n'a fait que tirer les conclusions logiques des implications et des sous-entendus du premier article. Et pour cette raison, je voudrais me concentrer sur cette lettre plutôt que sur l'article offensant.

Toute sa lettre du 16 août se fonde sur une hypothèse erronée : que la révolution inventera de toutes pièces un ensemble de nouvelles normes de morale et de beauté et que « peu de choses dans le débarras bourgeois de la morale et de la beauté s'avéreront très utiles ». Je crois que cela est à la fois erroné et non scientifique.

La révolution dans la technologie et la science, qui a atteint son apogée sous le capitalisme au cours des dernières 40 années, a réalisé une révolution partielle dans tous les domaines de la vie — dans le rapport entre les sexes, la moralité sexuelle, la médecine, la nutrition et la santé, l'architecture, les arts, la beauté, les passe-temps et les loisirs, la planification urbaine, l'éducation des enfants, les méthodes pédagogiques, la psychologie — une révolution dans l'art de vivre qui ne pourra se compléter ni se consommer sans se libérer des restrictions et des limites qu'impose la propriété privée des moyens de production. Ces nouveaux développements progressistes et hautement créatifs dans tous les domaines de la vie s'opposent fortement au système économique archaïque du capitalisme et entrent en contradiction dynamique avec lui. Ils ne peuvent s'approfondir, ni s'étendre à tout l'organisme social, ni s'exprimer comme un mode de vie nouveau et moderne tant que la révolution socialiste mondiale ne les aura pas libérés. C'est à ce moment seulement que le nouveau développement révolutionnaire pourra s'étendre sans entrave à travers le monde.

Ce n'est pas scientifique d'imaginer, comme le fait Bustelo, que le socialisme mettra au rebut tout ce dont il héritera du capitalisme et recréera tout à partir du début. Le socialisme gardera plutôt tout ce qui est révolutionnaire et progressiste et tout ce que les hommes et les femmes exigeront et désireront conserver comme étant bon et digne de continuer à être développé. À mon avis, le monde socialiste reconnaîtra en rétrospective qu'il a une grande dette envers le capitalisme, dont il conservera beaucoup d'éléments, y compris une bonne partie de son « débarras bourgeois de la morale et de la beauté ».

Par exemple, le socialisme ne rejettera pas la morale de la société bourgeoise dans son ensemble pour en écrire une nouvelle à partir de rien. La morale a évolué pendant tous les siècles d'existence de l'humanité et la société socialiste n'effacera pas une partie de cet héritage historique de la race humaine comme étant totalement inutile. Le socialisme éliminera plutôt l'hypocrisie et le mysticisme de la morale bourgeoise, conservera les idéaux universels de la fraternité humaine et fera de la Règle d'or une réalité.

Le socialisme ne rejettera pas non plus la révolution qui s'accomplit dans le monde de l'architecture moderne, avec son unité entre le naturel et ce que l'homme crée ; ni la tendance vers la décentralisation et la planification urbaines qui se déroulent sous nos yeux avec la création de quartiers résidentiels munis d'écoles, de magasins et de services sociaux (anarchiques, il va sans dire, entre les mains des entrepreneurs et des agents immobiliers). Le socialisme libérera plutôt cette révolution des entraves du système de profit et les villes seront conçues pour l'usage, la commodité et la beauté de la vie, plutôt que pour les profits des agents immobiliers, des spéculateurs et des entrepreneurs.

Nous ne pouvons pas non plus concevoir que le socialisme rejettera la révolution qui se déroule dans les arts. L'art a pénétré tous les domaines de la vie. Casseroles, poêles, tissus, meubles, lampes, cuisinières, aménagement paysagiste, architecture, *tous* les objets qui nous entourent sont devenus des véhicules pour l'expression créatrice de l'artiste et du designer. Les arts ne se limitent plus à des classifications formalistes, comme les sculptures ou les toiles qui ornent les murs des riches ou les musées. Ils se diffusent et s'agencent dans la beauté et l'unité de tous les objets qui font partie de l'environnement des riches, des membres de la classe moyenne supérieure et même dans les maisons de certains des travailleurs plus privilégiés. L'homme socialiste ne jettera pas ces manifestations de formes d'art nouvelles et très progressistes pour recommencer avec quelque chose d'entièrement nouveau, différent et inconcevable pour nos esprits parce qu'inconnu et sans lien avec le développement précédent de l'art. Plutôt, la révolution dans les formes de l'art ne sera plus simplement l'apanage de ceux qui peuvent se les offrir ; elle ne sera pas liée aux hypothèques et à l'endettement, mais sera l'héritage légitime de chaque citoyen dans le monde communiste. L'homme communiste fera un art de sa façon de vivre, s'entourant des créations produites par son talent inné.

De même, le monde socialiste ne créera pas, à partir de rien, de nouvelles façons d'occuper les temps libres. À titre d'exemple, la théorie du camarade Cannon sur la résurgence de l'artisanat se réalise à tous les niveaux sociaux dans l'énorme essor du bricolage. La révolution complétera et libérera cette tendance qui exprime et comble clairement un besoin réel chez l'homme. Elle rendra économiquement possible à la fois d'avoir du temps de loisir et les moyens matériels de s'engager dans des activités artisanales.

Ce ne sont là que quelques exemples de ce que veut dire la révolution dans la façon de vivre. Nous pourrions continuer avec d'autres illustrations, mais il suffit de dire que le socialisme ne créera pas de toutes nouvelles normes en matière de médecine, de santé, de nutrition, d'éducation des enfants, de psychologie, de méthodes pédagogiques, etc., sans tenir compte de leur passé historique ou de leur développement actuel. Il élargira et poursuivra plutôt la révolution que la technologie capitaliste a déjà commencée, mais il la libérera des contradictions et des limites imposées par un système politique et économique décadent et réactionnaire.

Ce qui est vrai pour les autres aspects de la vie est aussi vrai pour la beauté dans sa forme féminine, autour de laquelle tourne la discussion sur les cosmétiques. On doit rechercher le développement de l'avenir dans les germes du présent. La beauté de demain ne surgira pas du néant, mais des forces vives et des tendances d'aujourd'hui. C'est la seule façon scientifique de procéder sur toute question ; nous ne nous contentons pas de consulter les étoiles ou des boules de cristal. Or Jack Bustelo n'a pas considéré ce que 40 ou 50 millions de femmes désirent aujourd'hui comme une base pour décider ce qu'elles pourraient désirer à l'avenir. Faisant preuve d'une pompeuse indifférence vis-à-vis des aspirations des femmes modernes, il les rejette plutôt comme étant fausses et dépeint les femmes comme de simples ignorantes dupées par les marchands capitalistes.

Personnellement, je trouve inexcusable d'accorder de l'espace dans le journal à quelqu'un qui se proclame le juge des aspirations féminines et du standard social de la beauté féminine, le tout sous prétexte de décrire une phase de l'économie américaine. Je soutiens sans réserve le droit à l'autodétermination dans la question très personnelle de ce qui frappe l'individu comme étant beau, mais les normes *sociales* de la beauté sont déterminées *socialement*, non par les dictats de tel ou tel individu. Jack Bustelo a droit à ses opinions sur ce qu'il considère comme étant beau. Mais ce qu'on discute ici, ce n'est pas son opinion, mais le fait qu'il oppose son opinion aux aspirations de millions de femmes dans la société capitaliste et qu'il dit en fait : « Une apparence propre sera la norme de demain et devrait être la norme d'aujourd'hui. Ne cherchons pas à enjoliver les fleurs. Je vois tout ça dans ma boule de cristal. »

Non seulement fait-il preuve d'une ignorance remarquable de la psychologie féminine, mais d'une ignorance tout aussi remarquable de l'histoire et de la signification des cosmétiques. Comme il le fait remarquer, avec beaucoup de fioritures, les moeurs en matière de beauté changent, évoluent et se développent avec le développement de la civilisation. Mais, contrairement à ce qu'il prétend, tout ce changement et le cours de son développement ne peuvent pas venir d'une seule source, des dictats de la classe dominante dans une société de classe. Peu importe comment les moeurs évoluent, les aspirations à la beauté sont le produit de forces très profondes et puissantes, inhérentes à la personnalité humaine et aux relations entre les sexes. Ils ont un rapport plus direct aux forces de la reproduction qu'à celles de la production. L'utilisation de cosmétiques et d'autres façons de décorer son corps sont plus vieilles que l'histoire écrite. Les femmes cherchaient déjà à enjoliver les fleurs avant l'apparition de la lutte des classes. Et si on en juge par ce qu'on observe aujourd'hui, elles continueront de le faire longtemps après que la lutte de classe aura disparu. C'est une question qui, en soi, dépasse les limites des relations de classe et qui, en même temps, est contenue et déterminée par ces relations.

Comme dans tous les autres domaines de la vie dans l'Amérique capitaliste, il est certain qu'une révolution a eu lieu dans les normes de beauté, parallèlement à la révolution technologique et en partie grâce à elle. Cette révolution est plus profonde qu'une couche de cosmétiques. Elle comprend l'éclat de la santé physique et d'une bonne alimentation, qui a un rapport direct avec le niveau de vie plus élevé de l'économie américaine. Elle comprend aussi la façon plus libre et moins formelle de s'habiller, les gestes et la grâce de mouvements plus naturels, qui découlent et accompagnent la révolution parallèle de la morale sexuelle depuis environ 35 ans.

La beauté américaine élancée, pleine de vitalité naturelle et de grâce physique, avec une chevelure brillante, des yeux clairs, une peau douce et des cosmétiques naturels accentués légèrement çà et là, non seulement n'est pas une fiction, mais elle est très répandue aux États-Unis. Ce genre de beauté est le standard social américain, peu importe ce qu'en pense Jack Bustelo. Mais pour l'essentiel, il est la propriété exclusive avant tout de la jeunesse, mais aussi de la richesse. Si cette beauté américaine est aussi caractérisée par des névroses, ainsi que le remarque notre fin observateur Bustelo, cela démontre seulement que les choses sont considérablement plus compliquées qu'elles ne semblent. Mais pourquoi jeter le bébé avec l'eau sale ?

La beauté naturelle, qui est l'apanage de la jeunesse de toutes les classes de la société, n'est pas ce qui fait prospérer l'industrie des cosmétiques et ses promoteurs. Ces derniers s'enrichissent grâce aux fleurs qui ont commencé à se faner, un phénomène de la nature qui commence à affecter toutes les femmes dans la trentaine. Jadis, une femme était considérée vieille lorsqu'elle atteignait la quarantaine. Chercher à préserver la beauté de sa jeunesse est une composante inhérente de l'ego de toute femme normale. C'est un objectif légitime des femmes, qui mérite de la part d'un révolutionnaire qu'il lui accorde une sérieuse attention.

Chercher à préserver la jeunesse aussi longtemps qu'il est raisonnablement possible de le faire a toujours retenu l'attention de la race humaine. Mais pour que la femme de la classe ouvrière atteigne cet objectif, elle doit y consacrer des efforts et des frais considérables. Une fois perdue la fleur de sa jeunesse, la femme de la classe ouvrière n'a ni les moyens de fréquenter les salons de beauté, ni l'énergie nécessaire pour préserver sa beauté personnelle après s'être débattue avec les marmites, les casseroles et les enfants. Et rapidement, elle intègre les rangs des millions de femmes ternes, privées d'une grande partie des charmes de la vie. Mais un seul coup d'oeil à l'éclat des vedettes quadragénaires d'Hollywood, obtenu uniquement grâce à un niveau de vie plus élevé et à l'alchimie des temples modernes de la beauté, suffit à convaincre des millions de femmes que c'est aussi ce qu'elles désirent.

On peut se demander pour qui se prend Jack Bustelo pour nous suggérer qu'il s'agit là d'une chose ridicule. Et qui est-il pour nous dire qu'il est une autorité dans le domaine des mérites de l'eau et du savon (sans parler de la poudre de riz !), par opposition à toutes les femmes qui trouvent que les crèmes et les lotions donnent un meilleur résultat ? Et qui est-il pour dire que la quête de beauté personnelle n'est pas un objectif légitime de toutes les femmes et que ce qui compte, c'est la personnalité ?

Trouver de la beauté dans l'esprit et le caractère des femmes de la classe ouvrière est légitime pour un révolutionnaire. Mais ne confondons pas la fin et les moyens. Il n'y a rien de beau dans les mains abîmées par la vaisselle, les rides prématurées, les cheveux négligés, les silhouettes rondelettes dans des robes d'intérieur bien remplies, les meubles laids et le fatras d'accessoires de l'ouvrière et de sa maison. Y trouver de la beauté n'est rien d'autre que le gauchisme d'un snob radical, aux manières affectées, qui appartient à l'époque où les cheveux longs et les oreilles sales étaient la marque d'un authentique radical.

Si l'esprit avide de la femme de la classe ouvrière n'aspirait pas au bel environnement qui est la propriété exclusive de la classe aisée et moyenne supérieure ; si les femmes ne désiraient pas ardemment la beauté personnelle dans leurs corps, leurs vêtements, leur environnement, il n'y aurait ni lutte, ni révolution, ni socialisme. L'esprit est, en effet, une chose magnifique parce qu'il est vivant, énergique et progressiste. Mais l'esprit sort et s'éloigne de la saleté, de la misère et des corvées d'aujourd'hui pour aller vers la beauté du monde libre de demain. Celui qui trouve de la splendeur dans la misère ou qui s'en satisfait ne s'élèvera jamais au-dessus d'elle. Mais celui ou celle que l'esprit anime trouvera au bout de la lutte les vrais objectifs de la race humaine.

LOS ANGELES, CALIFORNIE
LE 9 SEPTEMBRE 1954

JEANNE MORGAN

Les cosmétiques ne sont pas un « luxe »

L'ARTICLE DE JACK BUSTELO sur les cosmétiques et sa lettre intitulée « La beauté est-elle plus profonde que les cosmétiques ? » avancent que la beauté des femmes de la classe ouvrière, comme celle des pionnières, « réside dans leur caractère, qui se manifeste non pas dans les cosmétiques qu'elles s'offrent le luxe d'utiliser, mais dans les actions qu'elles accomplissent ».

Premièrement, laissez-moi vous dire qu'il est faux de dire que les femmes de la classe ouvrière « s'offrent le luxe d'utiliser » des cosmétiques. Notre usage des cosmétiques est loin d'être un luxe. C'est essentiellement une nécessité économique qui est ainsi devenu une nécessité esthétique.

Si une femme qui cherche un emploi de bureau, un travail de serveuse ou du travail domestique néglige son aspect personnel ou n'en tient pas compte, elle sera certainement la dernière à être embauchée, à moins d'avoir une expérience ou des compétences vraiment exceptionnelles.

Dans le travail d'usine non qualifié, ce qui compte surtout, c'est de sembler disposer de force physique et d'endurance. Mais même dans ce cas, les cosmétiques aident à donner l'impression d'avoir de l'endurance, d'être jeune et vigoureuse. Une femme ne peut chercher même un emploi d'usine en ayant l'air aussi fatiguée qu'elle puisse l'être réellement. Les cosmétiques donnent de l'éclat à un visage las et créent l'illusion de la vigueur et de la jeunesse requises.

Savez-vous, M. Bustelo, qu'une jeune femme qui connaît peu le travail de bureau est défavorisée sur le marché du travail dès l'âge de 25 ans ? Des employeurs qui font paraître des annonces pour du personnel de bureau indiquent très souvent qu'ils ne considèrent que « les moins de 25 ans ». L'employeur admire la jeunesse pas du tout pour des raisons esthétiques, comme on pourrait l'imaginer, mais simplement parce qu'elle permet d'espérer une plus grande capacité de travail énergique. Reprochez-vous aux femmes qui « s'offrent le luxe d'utiliser des cosmétiques » d'acquérir les yeux brillants, la jeunesse, la santé et la vigueur nécessaires pour obtenir de tels emplois ?

Mais ce ne sont pas toutes les femmes qui peuvent travailler et subvenir à leurs besoins. Les emplois ne sont pas aussi nombreux pour les femmes que pour les hommes. Les emplois ouverts aux femmes ont des salaires beaucoup plus bas. Et ce simple fait économique crée la grande entreprise compétitive connue sous le nom de « trouver et garder un mari ». (On pourrait penser que les hommes le comprendraient et lutteraient pour que les femmes aient des droits égaux au niveau des emplois, ne serait-ce que pour se libérer de l'aspect contraignant du mariage.)

Cette immense concurrence, qui prend des formes innombrables, parfois ouvertes, parfois subtiles, consomme une grande partie du temps et des pensées des femmes. Et l'un des principaux outils de cette compétition est l'accentuation sexuelle par l'usage de cosmétiques.

Même si on considère souvent cela comme une autre « ruse de femme », on ne peut en rendre les femmes responsables. C'est au fond une question économique. Le capitalisme ne peut fournir d'emplois à tous les membres de la classe ouvrière, hommes et femmes. La moitié masculine de la population est censée faire vivre la moitié féminine — le mariage est le moyen d'y arriver — et les attitudes les plus complexes, invraisemblables et subtiles de morale et d'esthétique sont mises à profit pour faire fonctionner cette relation entre les hommes et les femmes. (Et, soit dit en passant, cette relation qui était autrefois prise pour acquise se désintègre avec le déclin du capitalisme, ce qui oblige beaucoup de femmes mariées à assumer le double fardeau du travail domestique au foyer et du travail salarié dans le monde extérieur.)

L'accentuation de la sexualité à l'aide des cosmétiques devient une nécessité dans la compétition pour un mari et la sécurité économique. C'est peut-être regrettable, ridicule ou dégradant, mais c'est aussi un simple fait de la réalité contemporaine, dénuée de toutes ses garnitures romantiques.

M. Bustelo peut bien rire de l'« amélioration » cosmétique et de l'accentuation sexuelle ; il peut bien ridiculiser les femmes qui en sont les victimes et qui se concentrent sur cela au détriment du reste de leur personnalité. Mais le système capitaliste lui a enseigné, ainsi qu'aux hommes en général, à répondre à ce genre de sexualité, souvent sans même se rendre compte de ce à quoi il réagit.

Cependant, il est vrai que si toutes les « femmes ordinaires » avaient une bonne santé, une attitude enjouée et optimiste, des vêtements bien faits, cela contribuerait considérablement à détruire l'industrie cosmétique. Une bonne santé, une belle silhouette, une peau claire, des yeux brillants, des cheveux chatoyants : toutes ces choses viennent avant tout d'une bonne alimentation, non pas d'une alimentation riche en féculents faite d'un excès de pain et de pommes de terre, mais d'une alimentation qui comprend en abondance oeufs, viande et légumes frais. Et une attitude enjouée et optimiste est le produit d'une vie heureuse avec des perspectives d'avenir. Le capitalisme peut-il offrir ces choses à toutes les femmes ?

Jack Bustelo est peut-être capable de conserver de la chaleur et de l'affection envers la femme de la classe ouvrière qui a peu de repos et trop d'anxiété et de soucis. Il peut même admirer sa « beauté morale ». Mais tout cela ne sera pas très utile, ni à elle, ni à son mari, ni à ses amis. Très peu de gens aujourd'hui, en particulier très peu d'hommes, partageraient l'opinion de Bustelo selon laquelle les femmes « ordinaires […] sont belles, peu importe à quel point elles sont épuisées par le travail ». Cette beauté morale qu'apprécient ceux qui ont une plus grande conscience que la moyenne n'est pas très utile au mari et à la femme « ordinaires » dont les idéaux esthétiques et sexuels découlent de normes « ordinaires ».

Pourquoi une femme ne devrait-elle pas maquiller son visage, teindre ses cheveux, mettre du parfum et n'importe quoi d'autre dont elle a besoin pour réaliser ses désirs esthétiques et sexuels ainsi que ceux de son mari ? Entre M. Jack Bustelo et le reste de l'humanité, elle est vouée à être damnée si elle le fait et damnée si elle ne le fait pas.

Il est très vrai que l'usage abondant de cosmétiques aujourd'hui est « l'un des signes de la barbarie de l'époque actuelle », mais pas comme Bustelo le comprend. (Les cosmétiques remontent à l'antiquité et ont été utilisés pour beaucoup de raisons, bonnes et mauvaises. Aussi bien les hommes que les femmes continueront probablement à les utiliser même sous le socialisme, pour le plaisir personnel de s'embellir.)

L'usage abondant des cosmétiques aujourd'hui est « un signe de barbarie » parce qu'il est *obligatoire* et nécessaire. Parce que nous n'utilisons pas toujours les cosmétiques simplement parce que nous choisissons de le faire. Voilà la barbarie, pas la chose elle-même. Et c'est un signe de barbarie parce qu'il révèle le fait que l'aspect physique des femmes prend une importance si grande et décisive dans cette société et que les autres aspects de sa personnalité lui sont subordonnés presqu'au point de disparaître.

Mais personnellement, je veux avoir le beurre et l'argent du beurre. Je souhaite améliorer et apprécier mon apparence physique. Et je veux en même temps améliorer et développer tous les autres aspects de ma personnalité. Et je pense que toutes les femmes ont le *droit* de faire ces deux choses.

Pourquoi M. Bustelo ne préconise-t-il pas de meilleurs salaires et beaucoup d'argent pour *satisfaire le besoin* des cosmétiques, ou une bonne alimentation et un niveau de vie élevé afin de *réduire le besoin* des cosmétiques ?

Ne nous offrez pas la « beauté morale » ou une nouvelle norme esthétique comme solution pour la « femme ordinaire » d'aujourd'hui dans le monde de tous les jours. Pour cela, nous avons hâte d'arriver au socialisme, quand chacun pourra développer de nouveaux idéaux culturels et esthétiques.

Voilà ce dont il s'agit, M. Bustelo : *tant que le monde exigera l'usage de cosmétiques pour améliorer son apparence, que ce soit pour des raisons économiques ou esthétiques, les femmes auront entièrement le droit d'utiliser tous les moyens nécessaires pour satisfaire cette exigence.* Et nous ridiculiser parce que nous nous inclinons devant cette exigence, c'est de mauvais goût. C'est un exemple d'humour à bon marché qui prend pour cible une proie facile. Ce seul fait rend cela indigne de paraître dans les pages du journal.

De plus, votre point de vue contient une erreur politique. Nous ne changerons pas le monde en nous révoltant contre une question aussi secondaire que celle-ci. C'est pourtant ce que votre article semble nous suggérer de faire. Si les femmes de la classe ouvrière boycottaient tous les cosmétiques, je doute fort que cela aiderait à construire un parti ouvrier, à affaiblir le système de Jim Crow ou à arrêter la course vers la guerre.

LOS ANGELES, CALIFORNIE

EVELYN REED

Le marxisme et la question
de la femme

DE 1940 À AUJOURD'HUI, les 14 années de croissance économique stimulée par la guerre et la prospérité d'après-
guerre ont produit un effet conservateur sur la classe ouvrière que nous décrivons comme un « embourgeoisement ».
L'une des formes que cela prend, c'est que les travailleurs
tendent davantage à accepter les opinions et la propagande
bourgeoises comme des vérités scientifiques et à s'y adapter.

Comme l'ensemble de la classe ouvrière, les membres
du Parti socialiste des travailleurs subissent la pression et
le tir de barrage constants de cette énorme machine de
propagande bourgeoise. Les discussions actuelles dans le
parti révèlent une certaine adaptation à cette propagande
bourgeoise. Il s'agit d'un signal qui devrait nous alerter. Ces
discussions tournent autour d'un sujet très important et extrêmement complexe, la question de la femme.

Depuis plusieurs mois, une discussion informelle se
développe parmi quelques camarades sur le problème du
« chauvinisme mâle » et de son lien avec le parti. Quelques
camarades ont affirmé que le parti lui-même en n'est pas
exempt et que cela gêne et désavantage considérablement

les camarades femmes. Cette question à elle seule néces-
siterait un texte distinct, qui aborderait tous les éléments
impliqués et permettrait d'en discuter sur une base historique et scientifique *.

La discussion actuelle sur la question de la femme s'est
amorcée quand ont paru les deux textes suivants :

1. Une critique de l'article écrit par Jack Bustelo dans
le *Militant* pour dénoncer les promoteurs et les perspectives économiques du secteur cosmétique du grand capital
et qui portait principalement sur les femmes et la beauté.

2. La critique que la camarade Marjorie McGowan a faite
de mon plus récent article, publié dans la revue, « Sexe et
travail dans la société primitive », et qui porte principalement sur les femmes et l'anthropologie.

À première vue, ces deux sujets paraissent entièrement
différents : l'un porte sur une question de la vie quotidienne qui concerne les femmes modernes et les cosmétiques, l'autre sur une question scientifique relative aux
femmes et à l'anthropologie. Il est même possible que des
camarades qui appuient l'une des critiques se dissocient
de l'autre. Cependant, le fait est que les deux sont liées.

---

* Au milieu des années 50, une petite clique au sein du Parti socialiste
des travailleurs dirigée par un membre du Comité politique, chercha
à étendre son influence au sein de la direction du parti. L'une des ru-
meurs autour desquelles elle s'organisa pour favoriser ses membres a
été la prétendue « misogynie » de presque tous les hommes de la direction du parti.

La majorité du Comité national du parti, cherchant à élever le conflit
au-dessus du niveau de la calomnie personnelle, des commérages et
des insinuations de misogynie, a plutôt concentré la discussion sur les
questions politiques qui pouvaient être abordées objectivement et résolues. Le débat dont ce livre rassemble les principaux textes est l'un
des produits de cet effort.

Toutes deux révèlent que tant au niveau du quotidien qu'au niveau scientifique, nous avons laissé la machine de propagande bourgeoise nous influencer. Une telle influence ne peut que nous amener à nous adapter à la méthodologie bourgeoise, à moins d'y résister en faisant appel à ce qui lui est opposé du point de vue de classe : le matérialisme historique et dialectique. Le temps est donc venu de revenir sur la méthode marxiste telle qu'elle s'applique concrètement à l'importante question de la femme.

Cosmétiques, beauté et travail

Le débat suscité par l'article de Jack Bustelo dans le journal a changé l'axe de l'objectif limité recherché par l'auteur, soit de dénoncer les profiteurs et les promoteurs du secteur cosmétique du capital, qui s'enrichissent en exploitant l'ignorance, l'oppression et l'endoctrinement des femmes par la mode.

Les arguments qu'on lui oppose se concentrent sur les « besoins et les désirs » des femmes en matière de beauté sexuelle, qu'apparemment Bustelo ne comprend pas. Écoutons alors les femmes elles-mêmes. Écoutons ce qu'elles nous disent à propos de ce dont elles ont besoin et de ce qu'elles veulent. Cependant, après avoir lu les critiques, j'y trouve deux propositions principales, qui se contredisent et qu'on pourrait résumer ainsi : « Les femmes veulent ce qu'elles ne veulent pas. »

Ça ne se veut pas une plaisanterie. Ces contradictions sont un reflet d'une société déchirée par des contradictions de toutes sortes. Elles révèlent aussi le fait que, bien que nous soyons à l'avant-garde lorsqu'il s'agit de rejeter la propagande bourgeoise sur les questions économiques et politiques, nous sommes à la traîne quand il s'agit d'exposer la propagande bourgeoise sur les questions qui concernent les femmes : le sexe, la beauté féminine, la famille, etc. Nous avons laissé le champ libre à la bourgeoisie et à sa machine de propagande, avec pour résultat que des camarades ont avalé un appât indigeste, mais dont ils ne comprennent pas vraiment la nature.

La camarade Jeanne Morgan a énoncé ces deux propositions contradictoires de façon très claire, innocente et honnête. La première s'énonce comme suit :

1. Sur le marché concurrentiel du sexe, que le capitalisme encourage, les femmes sont obligées de rivaliser avec d'autres femmes pour leur sécurité économique, que celle-ci prenne la forme d'un travail ou d'un mari. De ce fait, il est faux de dire que les femmes « s'offrent le luxe d'utiliser » des cosmétiques. Nous sommes *socialement contraintes* de les utiliser.

2. L'utilisation de cosmétiques est bonne et nécessaire parce qu'elle aide à embellir les femmes. Nous avons le *droit* d'utiliser les cosmétiques.

Ici, le *libre choix* et le droit d'utiliser des cosmétiques s'unissent à la *contrainte sociale*. Céder à la contrainte sociale au nom du libre choix est contradictoire.

La seconde proposition s'énonce comme suit :

1. Si Bustelo consacrait son temps à lutter pour de meilleurs salaires, de meilleures conditions de travail, une meilleure alimentation, etc., il aiderait à améliorer la santé les femmes et par conséquent leur beauté naturelle. Cela réduirait « la nécessité d'utiliser des cosmétiques ».

2. Ne nous offrez pas le standard de beauté naturelle défendu par Bustelo, qui est une « beauté morale » mal adaptée aux exigences modernes. Le monde exige une amélioration de la beauté par les cosmétiques et, tant que le monde l'exige, nous avons le droit de satisfaire cette exigence.

Ici encore, le libre choix dans le domaine de la beauté, améliorée ou non, est lié à la contrainte sociale.

Une question de classe

La position contradictoire des camarades découle de l'idée que les questions concernant les femmes, entre autres, dans le domaine du sexe et de la beauté, transcendent les lignes de classe. Voilà pourquoi la discussion se déroule dans un vide abstrait ; elle est coupée de l'histoire et de la lutte des classes. Cette notion découle du mythe bourgeois selon lequel les besoins de toutes les femmes en matière de beauté sexuelle sont les mêmes pour les femmes de toutes les classes, puisque toutes les femmes partagent une même identité féminine.

Ceci est complètement faux. Les *différences de classe* entre les femmes transcendent leur *identité de sexe* en tant que femmes. Ceci est particulièrement vrai dans la société capitaliste moderne, l'époque de la plus grande polarisation des forces de classe.

La tentative de considérer qu'en tant que sexe, les femmes de toutes les classes ont toutes les mêmes intérêts prend l'une de ses formes les plus insidieuses dans le domaine de la beauté féminine. Le mythe est apparu selon lequel, puisque toutes les femmes veulent être belles, elles ont toutes un même intérêt dans les cosmétiques et la mode, qui sont aujourd'hui présentés comme indispensables à la beauté. Pour étayer ce mythe, on prétend que mode et beauté ont prévalu à travers toutes les époques de l'histoire et pour les femmes de toutes les classes. Comme preuve, on invoque le fait que même dans la société primitive, les femmes se peignaient et décoraient leur corps. Pour dissiper ce mythe, examinons brièvement l'histoire des cosmétiques et de la mode.

« L'idée que les femmes ont toutes les mêmes besoins en matière de beauté sexuelle est un mythe bourgeois. Les *différences de classe* entre les femmes transcendent leur *identité de sexe en tant que femmes.* » —*Evelyn Reed*

Un cocktail dans la haute société, tel que peint par l'artiste Avtandil Makharoblidze.

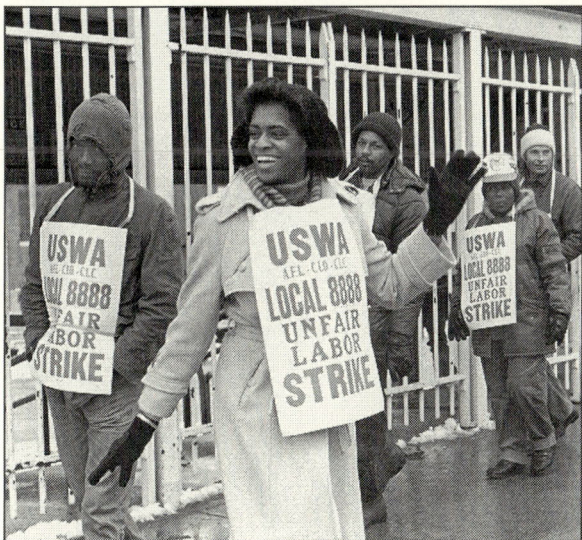

Membres de la section locale 8888 des Métallos en grève au chantier naval de Newport News, en Virginie, en février 1979.

JOHN COBEY/THE MILITANT

Dans la société primitive, où la concurrence sexuelle n'existait pas, il n'y avait aucun besoin de cosmétiques ou de mode comme aides artificielles pour la beauté. Les hommes *comme* les femmes se peignaient et se « décoraient » le corps et le visage, mais pas pour des raisons esthétiques. Ces coutumes sont nées d'un ensemble différent de besoins liés à la vie et au travail primitifs que j'expliquerai en détail dans d'autres articles [*].

À cette époque, chaque individu devait être « marqué » pour indiquer son appartenance à un groupe de parenté ainsi qu'à différents groupes de sexe et d'âge. Ces « marques » ne comprenaient pas seulement des ornements, anneaux, bracelets, courtes jupes, etc., mais aussi des entailles, incisions, tatouages et différentes sortes de peintures corporelles. Elles indiquaient non seulement le sexe de chaque individu, mais aussi son âge et le statut de travail des membres de la communauté, qui changeait à mesure qu'ils vieillissaient, passant de l'enfance à la vie adulte puis à la vieillesse. Plutôt que de voir ces marques comme des « décorations », on peut les voir comme la façon primitive de conserver l'histoire de vie de chaque individu, que nous conservons dans notre société dans des albums de famille. Et puisque la société primitive était communiste, ces marques dénotaient aussi une totale *égalité sociale*.

Puis est venue la société de classe. Les marques qui dans la société primitive signifiaient, entre autres choses, l'égalité sociale, se sont transformées en leur contraire. Elles sont devenues des modes et des décorations reflétant l'*inégalité sociale* : des expressions de la division de la société

---

[*] Voir *Woman's Evolution* (éditions Pathfinder, 1975), en particulier p. 152-154, 408-411 [tirage de 2023].

« Les marques qui signifiaient l'égalité sociale dans les sociétés sans classes sont devenues leur opposé avec l'émergence des sociétés de classes. Elles signifient maintenant *l'inégalité sociale.* » —*Evelyn Reed*

Avant la Révolution française de 1789, les aristocrates, hommes *et* femmes, peignaient leurs visages, poudraient leurs cheveux et portaient de la dentelle et des ornements dorés. La mode était la « marque » qui les *distinguait* des paysans et des classes laborieuses.

Préparation de nobles français pour une journée à la cour du roi.

Aristocrate recevant d'un serf un paiement en nature pour le droit de cultiver la terre du seigneur féodal.

entre riches et pauvres, entre gouvernants et gouvernés. Les cosmétiques et la mode ont commencé en tant que prérogative de l'aristocratie.

On peut en trouver un bon exemple à la cour de France avant la Révolution française. Parmi les rois, les princes et la noblesse terrienne, *autant* les hommes que les femmes s'habillaient selon les édits de la mode. C'étaient des dandys, avec le visage peint, les cheveux poudrés, les volants de dentelle, les ornements dorés et plus encore. Les deux sexes étaient « beaux » selon les normes en vogue. Mais, le plus important, c'est que les deux sexes de la classe dirigeante se démarquaient, par leurs cosmétiques et leurs modes, des paysans pauvres qui suaient pour eux sur la terre et qui, selon les mêmes normes, n'étaient pas beaux. À cette époque, la mode était une « marque » de *distinction de classe*, qui englobait les deux sexes de la classe possédante contre les deux sexes des classes laborieuses.

Puis, quand les coutumes bourgeoises ont supplanté les féodales, pour certaines raisons historiques, les hommes ont laissé le domaine de la mode essentiellement aux femmes. Les hommes d'affaires bourgeois ont établi leur standing de classe, entre autres, par le biais des modes de leurs femmes et ils ont cessé de porter des pantalons dorés et des jabots à dentelle. Mais parmi les femmes, la mode a continué à distinguer Judy O'Grady de la dame du colonel [*].

À mesure que le capitalisme s'est développé, la machinerie productive s'est énormément développée et, avec elle, le

---

[*] Une référence au poème de Rudyard Kipling « The Ladies », dont les deux dernières lignes sont : « For the Colonel's Lady an' Judy O'Grady / Are sisters under their skins » [Car la dame du colonel et Judy O'Grady / Sont soeurs sous leur peau.]

besoin d'un marché de masse. Puisque les femmes représentent la moitié de la population, ceux qui profitaient de la beauté féminine ont commencé à l'exploiter. C'est ainsi que la mode s'est graduellement déployée au-delà des limites étroites des riches et a fini par s'imposer à toute la population féminine.

Pour servir les besoins de ce secteur du capital, on a dissimulé et camouflé les distinctions de classe derrière l'identité sexuelle. Les marchands bourgeois ont commencé à mitrailler la population de leur propagande : toutes les femmes veulent être belles, toutes les femmes ont donc le même intérêt dans les cosmétiques et la mode. La haute couture est devenue synonyme de beauté et on a cherché à persuader toutes les femmes qu'elles avaient des « besoins » et des « désirs » communs pour les mêmes produits de beauté.

Aujourd'hui, des milliards de dollars de profits sont prélevés de chaque département du domaine de la beauté : cosmétiques, vêtements, coiffures, salons d'amaigrissement, salons de beauté, bijoux vrais ou faux, etc. On a découvert que la beauté était une formule très flexible. Tout ce qu'un entrepreneur avait à faire pour devenir riche était de découvrir un nouveau produit de beauté et de convaincre toutes les femmes qu'elles en « avaient besoin » et le « désiraient ». Regardez n'importe quelle publicité de Revlon.

Pour maintenir et élargir ce filon, il était nécessaire de répandre un certain nombre d'autres mythes au moyen de la machine de propagande dont disposent les profiteurs. Les voici :

1. Depuis des temps immémoriaux, les femmes se disputent l'attention sexuelle des hommes. Il s'agit pratiquement d'une loi biologique dont on ne peut se soustraire et, puisqu'elle existe depuis toujours et continuera toujours

d'exister, les femmes doivent se résigner à leur sort et se faire à jamais concurrence sur le marché capitaliste du sexe. 2. Dans la société moderne, la beauté naturelle des femmes ne compte pas vraiment. En fait, en matière de beauté, insinue-t-on, la nature a vraiment abandonné les femmes. Pour compenser leur laideur et leurs lacunes naturelles, elles doivent recourir à des aides artificielles que les gentils profiteurs ont mises à leur disposition. Examinons cette propagande.

La concurrence sexuelle : naturelle ou sociale ?

Une étude des sciences de la biologie et de l'anthropologie révèle que la concurrence sexuelle entre les femelles n'existe ni dans la nature ni dans la société primitive. Celle-ci est le produit *exclusif* de la société de classe et était inconnue avant la naissance de la société de classe, soit, selon nos connaissances actuelles, depuis presque un million d'années d'évolution de l'humanité.

Dans tout le monde animal, la concurrence sexuelle entre les femelles pour attirer l'attention des mâles n'existe pas. La seule concurrence sexuelle qui règne dans le monde animal est celle que la nature impose aux mâles qui luttent les uns contre les autres pour avoir accès aux femelles. Il s'agit simplement d'une façon naturelle de garantir la perpétuation de l'espèce. Mais à cause de ses effets perturbateurs sur la coopération sociale, cette caractéristique de la concurrence sexuelle entre les mâles a été éradiquée avec la formation et la consolidation de la première organisation sociale, qui était un système de « communisme primitif ».

Cette absence de concurrence sexuelle entre les femelles dans la nature a été l'une des raisons pour lesquelles les femmes ont pu diriger la création de ce système social original. L'ordre social qu'elles ont créé pour répondre à leurs besoins était donc libre de rapports concurrentiels destructeurs. L'absence totale de concurrence sexuelle ou de jalousie entre les femmes primitives n'est pas contestée, y compris par beaucoup d'anthropologues conservateurs, bien qu'ils en soient souvent étonnés et qu'ils y voient une « particularité » de sauvages ou une coutume pittoresque.

Puis est arrivée la société de classe, basée sur l'esprit d'acquisition et de concurrence, ainsi que sur la dégradation des femmes et leur dépendance des hommes. À côté de la concurrence entre les hommes pour la propriété et la richesse est apparue la rivalité entre les femmes pour des hommes riches et puissants. Mais cette calamité sociale que constitue la concurrence sexuelle imposée aux femmes n'a rien de naturel. Elle est purement « artificielle », c'est-à-dire historiquement créée et conditionnée.

La concurrence sexuelle entre les femmes est apparue avec l'émergence du « marché » du sexe ou du mariage. Le marché du sexe fait partie intégrante de l'ensemble du marché des marchandises, qui est essentiel pour la société de classe capitaliste. À mesure que le sexe se transformait en une marchandise, le modèle de beauté féminine s'est graduellement converti, de la beauté naturelle en beauté artificielle ou à la mode. Ce processus a culminé dans la société contemporaine.

Au cours de la période plus ancienne du troc, les femmes étaient échangées contre du bétail et le bétail contre des femmes. La beauté et la santé naturelles des femmes étaient alors très appréciées, de la même manière et pour les mêmes raisons que l'étaient aussi la beauté et la santé naturelles du bétail. Les deux étaient nécessaires et désirables dans la vie productive et reproductive de la communauté. Les spécimens les plus beaux et les plus sains étaient ceux qui pouvaient le mieux remplir leurs fonctions.

Puis, avec la consolidation du patriarcat et de la société de classe, des hommes riches ont accumulé certaines femmes comme l'une des nombreuses formes de propriété qu'ils accumulaient. La coutume s'est développée d'embellir ces épouses et concubines de décorations et d'ornements, de la même façon et pour les mêmes raisons qu'on décorait et ornait alors les palais. Plus un homme faisait étalage de produits de luxe, de propriété sexuelle, plus il confirmait son statut de potentat fortuné. À cette étape, la concurrence entre les hommes pour l'accumulation de propriétés avait tendance à occulter la concurrence sexuelle entre les femmes. Les femmes elles-mêmes n'étaient plus que des « biens » ou des marchandises.

À mesure que la monogamie a remplacé la polygamie et que des considérations de propriété sont devenues la base du mariage, les femmes riches ont été avantagées par rapport aux femmes pauvres sur le terrain de la concurrence sexuelle. Une riche héritière, peu importe sa beauté et sa santé, constituait une épouse de rêve pour un homme qui accumulait des propriétés, et inversement. Bien entendu, s'il avait le choix, le même homme préférait la femme la plus belle, mais ce qui primait généralement, c'étaient des considérations de propriété. Ces mariages, qui impliquaient des fusions de propriété, se concluaient entre les familles du couple comme une affaire commerciale. On ne tenait compte des vœux et des désirs des individus impliqués que de façon marginale. Ce type de mariage, conclu par négociations entre familles ou agents matrimoniaux, s'est maintenu pendant toute la longue période de développement de l'agriculture, quand la propriété consistait principalement en propriété foncière.

Puis sont venus le capitalisme, la primauté de l'argent et la « libre entreprise ». Cela a entraîné la libre entreprise non seulement dans la concurrence du « travail libre » et celle entre les entreprises, mais aussi dans la concurrence sexuelle féminine. Certes, parmi les riches, les fusions par le mariage se sont poursuivies comme une forme de fusion de propriétés et on pouvait rarement distinguer les deux. En fait, avec le développement du capitalisme de monopole, ces deux formes de fusion ont réduit la ploutocratie dominante aux États-Unis aux « Soixante Familles ».

Mais en Amérique, qui a émergé presque dès le début comme une société essentiellement bourgeoise, certaines particularités sont apparues. Un homme fortuné pouvait transgresser les lignes de classe, contrairement à l'Europe féodale où les distinctions de classe s'établissaient dès la naissance. C'est ainsi qu'à l'apogée du capitalisme ici, un travailleur ou un petit-bourgeois pouvait, par chance ou par accident, devenir riche et changer ainsi de statut de classe.

La même chose pouvait arriver à une femme. Par accident ou même par sa beauté, une femme pouvait épouser un millionnaire et changer de statut de classe. L'histoire de Bobo Rockefeller illustre à merveille ce conte de Cendrillon, version capitaliste américaine. Fille d'un mineur, elle a épousé l'un des hommes les plus riches des États-Unis avant d'en divorcer avec une pension alimentaire de plusieurs millions de dollars [*].

---

[*] Barbara « Bobo » Rockefeller (1916-2008), actrice de théâtre et de cinéma, est née Jievute Paulekiute à Noblestown, en Pennsylvanie, une petite ville minière de charbon. Fille d'immigrants lituaniens, elle a épousé, en 1948, Winthrop Rockefeller, petit-fils du baron milliardaire du pétrole John D. Rockefeller, dont elle a divorcé six ans plus tard.

Ces particularités de la vie américaine ont préparé le terrain psychosocial pour le marché de masse des marchandises, pour le marché de masse du sexe et la concurrence sexuelle de masse entre les femmes. Tout comme les histoires d'Horatio Alger sont devenues une référence pour les hommes qui voulaient passer de la misère à la richesse, de même les histoires sentimentales de femmes leur disaient comment mettre le grappin sur le fils du patron ou même le patron lui-même et l'épouser *. Il leur suffisait de courir au marché de la Beauté pour y acheter toutes les marchandises qui garantissaient sa transformation d'une Cendrillon en une princesse.

Le monde des cosmétiques et de la mode est devenu une mine d'or capitaliste avec des opportunités pratiquement illimitées. Les hommes d'affaires de ces secteurs n'avaient qu'à changer la mode assez souvent et à inventer des produits de beauté nouveaux et plus nombreux pour devenir de plus en plus riches. C'est ainsi que, sous le capitalisme moderne, la vente des femmes en tant que marchandises a été largement remplacée par la vente de marchandises aux femmes. Parallèlement, on a répandu le mythe que la beauté dépend de la mode et que toutes les femmes ont toutes le même besoin de la mode, car elles ont toutes les mêmes besoins en matière de beauté.

Les profiteurs du corps féminin

Il y a trois bandes principales de profiteurs qui s'engraissent sur le dos d'une multitude de femmes qu'ils amènent par

---

* Horatio Alger (1832-1899), auteur de plus d'une centaine de romans dont les héros, nés dans des familles pauvres, parvenaient à s'élever jusqu'à « la gloire et la fortune » par leurs efforts individuels.

contrainte ou cajolerie à faire de grosses dépenses dans leur recherche de beauté :

1. Ceux qui font des profits en manipulant le corps féminin pour qu'il corresponde à la taille et qu'il entre dans le moule de la mode standardisée.

2. Ceux qui couvrent ce corps manipulé de peinture et d'émulsion avec des cosmétiques, des teintures, des lotions, des parfums, etc.

3. Ceux qui ornent le corps ainsi manipulé et peint avec des vêtements de haute couture et des bijoux à la mode.

Dans la première catégorie, pour être belle, une femme doit avoir une certaine taille ; peser tant et pas un gramme de plus ou de moins ; et avoir certaines mensurations arbitraires des hanches, de la poitrine et de la taille. Si une femme s'écarte de ces normes mécaniques, elle n'est pas belle. Ceci cause d'énormes souffrances aux femmes qui s'écartent de cet idéal créé sur une chaîne de montage. Accablées et frustrées par les réels fardeaux de la vie sous le capitalisme, dont elles ne comprennent pas les racines, les travailleuses en particulier ont tendance à voir dans leurs « difformités » imaginaires la source de tous leurs problèmes. Elles commencent à souffrir de complexes d'infériorité. Et c'est ainsi qu'elles affluent par milliers et dizaines de milliers chez les manipulateurs et décorateurs du corps féminin et qu'elles versent sans compter leur argent durement gagné dans les coffres de ces profiteurs.

Les stars d'Hollywood et les concours de beauté servent à maintenir et promouvoir ces modèles. Des « beautés » sélectionnées sont étalées devant les yeux hypnotisés de la grande masse des femmes par tous les moyens disponibles : au cinéma, à la télévision, dans les magazines à sensation sur papier glacé. Mais l'uniformité monotone de ces « beautés » est effroyable. Tout vestige de *variété*, l'essence même de la vraie beauté, disparait. Elles pourraient aussi bien être autant de biscuits au sucre découpés dans la même pâte et avec le même moule.

Dans la catégorie suivante viennent les vendeurs de cosmétiques, de teintures et d'émulsions pour ces corps manipulés. Seuls, peut-être, les travailleurs dans les usines de ces fabricants savent que les mêmes matières premières bon marché qui vont dans tel ou tel flacon ou bouteille à 10 $ vont aussi dans le flacon ou la bouteille à 50 cents du magasin bon marché. Mais pour la naïve ou l'innocente, le flacon à 10 $ doit contenir quelque substance magique puissante et spéciale que l'article à bon marché ne contient pas. Si c'est ce que disent les grandes publicités, ce doit donc être vrai. Ces pauvres femmes grèvent leurs ressources financières afin de se payer ce produit magique en espérant qu'il les transformera d'employées de bureau en héritières.

Finalement, avec ces profiteurs de la mode, les femmes font face à un choix déchirant : devraient-elles privilégier la durabilité ou une lubie passagère ? Les riches, qui peuvent faire les deux, ont décrété un cirque de la mode pour les 24 heures de la journée : des vêtements pour le matin, l'après-midi, l'heure du cocktail, la soirée et l'heure du coucher. Ils ont différentes modes pour « chaque occasion » et les « occasions » sont sans fin. Sans compter la grande quantité d'« accessoires » qui « vont bien avec » ce qu'on est censé porter.

Et toute cette montagne de marchandises qu'on impose à un certain moment aux femmes, on peut les déclarer obsolètes la semaine, le mois ou la saison suivante, par un nouveau décret de la mode. Un article du *New York Times* fournit un bon exemple sur la question de savoir si les femmes

Sous le capitalisme moderne, la vente des femmes *en tant que* marchandises a été largement remplacée par la vente de marchandises *aux* femmes. —*Evelyn Reed*

Publicité dans les années 1950 pour un réfrigérateur « inversé ».

« Les publicités charmeuses suggèrent que le grand rêve américain se réalise pour les belles femmes qui peuvent se payer des voitures aérodynamiques, des téléviseurs, etc. » —*Evelyn Reed*

« En quête d'ennuis ? Portez "Voyez Rouge", le nouveau rouge à lèvres provoquant de Max Factor. Ils deviendront fous en vous voyant. »

they'll go mad over you when they

"SEE RED"

fashion's new hot-tempered red in MAX Factor's Color-fast lipstick

the only one-smear type lipstick with "stay-on lustre"

Looking for trouble? Wear "See Red" the maddening new lipstick color by Max Factor. But careful–don't start anything you can't finish! $1.10 plus tax.

MAX FACTOR, 1954

obtiennent ce dont elles ont besoin ou si on les oblige à avoir besoin de ce qu'elles obtiennent. L'article a fait remarquer que Christian Dior, le célèbre couturier pour riches dont on retrouve les styles reproduits en versions à bon marché pour les pauvres, avait le pouvoir, du jour au lendemain, de relever les jupes de *50 millions* d'Américaines, ou de les rallonger, ou les deux à la fois !

Cette différence de 8 à 10 centimètres dans un ourlet peut être un désastre pour les femmes au travail, qui ressentent la pression d'être à la mode. C'est peut-être amusant pour les riches de jeter leur garde-robe et de s'en procurer une nouvelle. Mais c'est extrêmement coûteux pour le reste d'entre nous.

Alors, quand on prétend que les femmes ont le *droit* d'utiliser des cosmétiques, de suivre la mode, etc., sans clairement distinguer ce droit de *la contrainte sociale* capitaliste qui les oblige à se soumettre à cette exploitation, on tombe directement dans le piège de la propagande et des pratiques bourgeoises. Les femmes qui jouent un rôle dirigeant dans la lutte pour les changements sociaux ne doivent jamais, même involontairement, renforcer cet emballement outrancier pour la mode. Au contraire, leurs tâches consistent à dénoncer les crapules qui s'enrichissent grâce à cette exploitation des femmes.

Opposition et non adaptation

On prétend que tant que le capitalisme prévaut, nous, les femmes, devons obéir à ces décrets sur les cosmétiques et la mode. Sinon, nous serons laissées pour compte au niveau économique et social. Il est vrai que pour garder un emploi de bureau ou pour d'autres raisons, nous devons tenir compte, même si de manière purement symbolique, de la dure réalité. Mais ceci ne signifie pas que nous devons accepter ces contraintes et édits arbitraires et onéreux avec complaisance ou sans protester. Les travailleurs dans les usines sont souvent obligés d'accepter des accélérations de cadence, des réductions de salaires et des attaques contre leurs syndicats. Mais les travailleurs combatifs les acceptent en protestant et continuent de lutter contre elles, dans des mouvements qui *opposent* leurs besoins et leur volonté à ceux de leurs exploiteurs.

La lutte de classe est un mouvement d'*opposition* et non d'*adaptation*, et ceci est vrai non seulement pour les travailleurs dans les usines, mais aussi pour les femmes, aussi bien celles qui travaillent que celles qui restent au foyer. Parce que les questions sont plus obscures dans le domaine des femmes en tant que sexe, certains tombent plus facilement dans le piège de l'adaptation. Nous devons changer de cours. Nous devons expliquer que les normes modernes de beauté ne sont pas une donnée permanente et que les femmes qui travaillent peuvent et devraient avoir quelque chose à dire à leur sujet.

Nous pouvons faire remarquer, par exemple, que l'utilisation des cosmétiques est une innovation plutôt récente. Au siècle dernier, une femme à la recherche d'un mari avait moins de chances d'en trouver un si elle utilisait des cosmétiques. À cette époque, les cosmétiques étaient la marque de la prostituée et aucun homme respectable n'allait épouser une « courtisane ».

Aussi, les vêtements féminins ont subi quelques changements radicaux suite à l'entrée d'un grand nombre de femmes dans l'industrie et les bureaux pendant et après la Première Guerre mondiale. Elles se sont affranchies de leurs corsets à baleines, des seize jupons amidonnés, des grandes coiffures Pompadour et des chapeaux encore plus grands. Elles ont adopté des vêtements qui convenaient mieux à leurs besoins au travail. Les vêtements « décontractés » et attirants d'aujourd'hui, qui ont vu le jour à partir de ces besoins des travailleuses, ont été repris par les riches pour leurs sports et loisirs. Même les tissus prolétariens des salopettes et des jeans du travailleur d'usine se sont élevés socialement.

En dénonçant ces arnaques de la mode, je ne m'exprime pas contre les vêtements attrayants et je ne m'oppose pas à tout changement nécessaire ou désirable dans le genre de vêtements que nous voulons porter. De nouvelles époques, des conditions productives et sociales nouvelles apporteront toutes sortes de changements. Ce à quoi je m'oppose, c'est à cet emballement outrancier pour la mode et à la quantité démesurée de temps, d'attention et d'argent qui y est consacrée. Le temps est la plus précieuse de toutes les matières premières parce que le temps, c'est la vie. Nous avons mieux à faire avec nos vies que de les dissiper dans cette frénésie coûteuse, vulgaire et déprimante pour rester à la mode.

Sous le socialisme, la question de savoir si une femme veut ou pas peindre et orner son corps n'aura pas plus d'importance sociale que lorsque les enfants d'aujourd'hui se maquillent pour l'Halloween ou d'autres occasions festives, ou lorsque des comédiens le font pour la scène ou des clowns pour le cirque. Certaines femmes peuvent se trouver plus belles quand elles sont ainsi peintes, d'autres pas. Mais ceci sera une opinion purement personnelle et rien de plus. Il n'y aura plus d'obligation économique et sociale pour toutes les femmes de se soumettre à ces pratiques. Alors, ne défendons pas ces requins qui promeuvent cette exploitation des femmes au nom de la « beauté ».

Ne nous lassons jamais d'expliquer à toutes et à tous que la beauté et la mode sont très distinctes. Alors que la beauté et le travail sont très associés. En dehors du domaine de la nature, tout ce qui est beau a été produit par le travail et par des travailleurs.

L'énorme machine de propagande

Au cours des dernières années, on a porté une attention de plus en plus grande à la population féminine, parce que les femmes sont d'importantes consommatrices de produits de toutes sortes, dont des maisons, des ameublements d'intérieur, des voitures, des réfrigérateurs, des vêtements pour la famille, d'autres biens nécessaires pour satisfaire des besoins liés à la maternité. Beaucoup de ces produits sont nécessaires et utiles, et comme tels n'ont pas besoin d'être « vendus » à coups de grandes campagnes publicitaires, qui les rendent plus chers. Mais dans le système anarchique du capitalisme, avec son énorme et inutile multiplication de produits, les différents fabricants se font concurrence les uns aux autres pour obtenir une plus grande part de ce marché lucratif. C'est ainsi que l'industrie publicitaire, un accessoire parasitaire du grand capital, est elle-même devenue une autre branche du grand capital.

Tous les médias de masse — la radio, la télévision et la presse — qui influencent et façonnent l'opinion publique, se construisent autour des annonceurs, qui en retour les appuient. Quant aux annonceurs, ils ont le soutien des grandes entreprises commerciales capitalistes. Toutes ces ailes du grand capital font non seulement campagne pour vendre des marchandises, elles font aussi partie des rouages de l'énorme machine de propagande qui propage l'idéologie et la psychologie leur permettant de maintenir le système capitaliste et ses capacités d'exploitation.

Déjà aux prises avec de nombreux conflits et frustrations, les femmes sont très sensibles à ces manipulations psychologiques qui les poussent à acheter des choses pour résoudre leurs problèmes. En plus de la grande presse, un nombre croissant de magazines visent exclusivement les femmes, en particulier dans les domaines de la mode et des produits de beauté. Ce sont des publications attrayantes, imprimées sur les plus beaux papiers glacés. Leur contenu est racoleur, car ces magazines vendent non seulement la beauté à la pelle et d'autres marchandises lucratives, mais ils font aussi appel à un argument de vente très efficace : les femmes qui achètent le plus sont les femmes les plus heureuses et qui réussissent le mieux.

Dans les publicités charmeuses, nous voyons des photos alléchantes de marchandises somptueuses de toutes sortes aux côtés de belles femmes. Le Grand Rêve américain devient réalité pour les belles femmes, qui peuvent acheter les voitures aérodynamiques, les téléviseurs et tout le reste et même, semble-t-il, se procurer une vie sexuelle de rêve et une famille idéale. Celles qui n'arrivent pas à se procurer toutes ces choses se demandent ce qui ne va pas avec elles en tant que *femmes* pour être ainsi privées de ce Grand Rêve américain. Elles se tiennent responsables de n'être pas nées riches et belles.

Les histoires et les articles qui occupent l'espace entre les grandes publicités renforcent ce sentiment d'infériorité personnelle. Les journalistes capables d'exposer la source capitaliste de ce sentiment de défaite dont souffrent de nombreuses femmes ne sont jamais invités à présenter leurs vues dans ces magazines racoleurs. Les opinions « scientifiques »

La lutte de classe est un mouvement d'*opposition,* pas d'*adaptation.* Ceci est vrai pour les travailleurs dans les usines et pour les femmes, celles qui travaillent ainsi que celles qui restent au foyer. —*Evelyn Reed*

East Palestine, février 2023. Assemblée publique où les résidents demandent aux patrons de la Norfolk Southern d'assumer la responsabilité du déraillement qui a déversé du chlorure de vinyle toxique, contaminant le sol, l'eau et l'air.

Mars 2023, Bridgeport, au Connecticut. Rassemblement contre le manque de garderies. Si vous en trouvez une, le coût mensuel moyen par enfant est de 1 400 $.

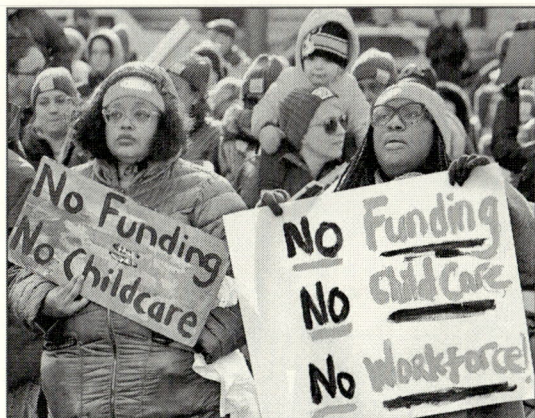

« Sous le capitalisme, les femmes doivent vivre avec les décrets de la bourgeoisie sur les cosmétiques et la mode. Mais nous n'avons pas à accepter ces édits avec complaisance ou sans protester. »
—*Evelyn Reed*

Une agente de bord devant un miroir et une liste des règles d'apparence qu'elle doit suivre selon la United Airlines, vers 1951.

Des agents de bord d'American Airlines se rassemblent pour obtenir un nouveau contrat à l'aéroport de Dallas-Fort Worth, septembre 2023.

ASSOCIATION DES AGENTS DE BORD PROFESSIONNELS

Au début, le transport aérien était un luxe, réservé aux riches. Les « hôtesses de l'air » exclusivement féminines étaient soumises à des limites de taille, de poids et d'âge. Elles étaient licenciées si elles se mariaient. Elles se sont syndiquées et ont lutté pour mettre fin à ces conditions insultantes.

Aujourd'hui, les agents de bord se battent pour des augmentations salariales et des horaires de travail plus vivables.

qu'on y retrouvent visent à étayer et non miner l'exploitation capitaliste des femmes.

Ainsi, les divers genres de spécialistes embauchés pour écrire des articles à l'intention des ménagères anxieuses leur font la morale sur le besoin d'accorder plus d'attention à leurs enfants, de faire preuve de plus d'amour maternel, de consacrer plus de temps à la famille, ce qu'on ne peut faire, bien entendu, que par de nombreux et couteux achats. Ou bien ils soulèvent les problèmes des femmes professionnelles et laissent souvent entendre, de manière insidieuse, qu'en travaillant à l'extérieur, elles mettent en péril leur heureux foyer et leur vie émotive. Ici encore, il semble qu'on pourrait contrer ces dangers en achetant davantage de marchandises.

En dressant l'une contre l'autre la femme qui travaille et la mère ménagère, on laisse les deux groupes de femmes avec des sentiments de culpabilité, des conflits et des frustrations. Cela s'amplifie pour celles qui sont à la fois des femmes qui travaillent et des ménagères. Elles sont continuellement déchirées par un conflit d'intérêt qu'elles ne peuvent résoudre.

Mais cette détresse et ce sentiment d'échec, dont souffrent les femmes sont extrêmement avantageux pour les profiteurs. Ils poussent les femmes à faire de nouvelles dépenses pour surmonter leur anxiété et leur sentiment d'échec. Très souvent, pour restaurer rapidement leur confiance en elles, celles-ci se précipitent pour acheter un nouveau vêtement à la mode ou quelque nouvel article de beauté dans une fiole.

En bref, le système capitaliste commence par dégrader et opprimer la grande masse des femmes. Puis il exploite leur mécontentement et leurs craintes pour attiser le feu des ventes et des profits illimités.

« Les cosmétiques sont un fétiche. Leur pouvoir spécial provient du fait qu'en plus de relations économiques s'y rattachent des relations sexuelles. » —*Joseph Hansen*

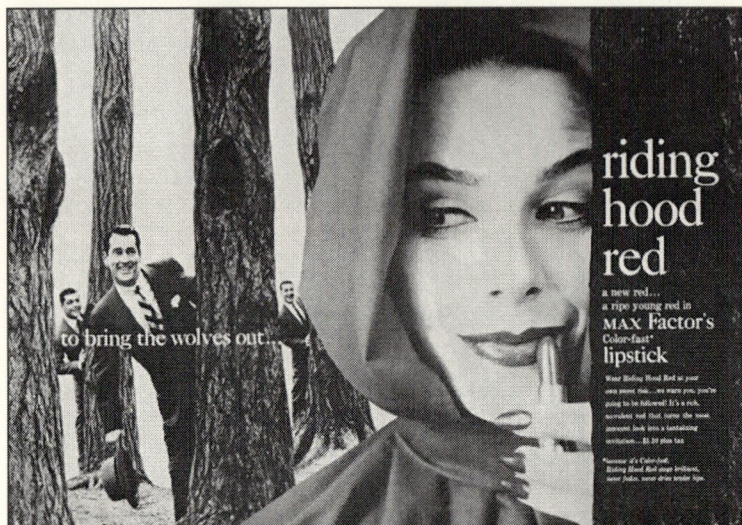

L'annonce de 1954 pour le rouge à lèvres de Max Factor dit aux femmes qu'elles « feront sortir les loups ».

Une publicité du magazine *Charm*, en octobre 1954, clame : « Vivante après 17 heures [...] grâce à sa machine à écrire électrique Remington. Pas étonnant ! *L'électricité fait le travail* et aide les femmes de lettres à faire un si beau travail en si peu de temps, avec si peu d'effort et qui plaît tellement au patron. »

Hansen répond : « Que de sorcellerie il y a dans la machine à écrire d'un requin de la publicité ! »

Notre tâche consiste donc à dénoncer à la fois le système capitaliste, comme la source de ces maux, et son énorme machine de propagande, qui dit aux femmes que le chemin vers une vie réussie et l'amour passe par l'achat de choses. Approuver ou accepter les normes capitalistes dans n'importe quel domaine, de la politique aux cosmétiques, c'est soutenir et perpétuer ce système de profit impitoyable et son oppression continue des femmes.

Le fétiche des cosmétiques

L'UTILISATION DES COSMÉTIQUES mérite-t-elle qu'un marxiste y prête attention ? À première vue, il semble que nous devrions répondre par la négative. Quelle importance peut bien avoir une question apparemment si éloignée de la lutte des classes ? Après tout, les grandes questions, comme celles du chômage, du fascisme, de la guerre et de la lutte pour le pouvoir, relèguent tout le reste au second plan. Et dans la liste des questions secondaires que les marxistes se sentent obligés d'examiner, les cosmétiques arrivent certainement parmi les dernières. Pourtant récemment, un petit article, qui n'avait pour but que de montrer comment la « récession » avait affecté l'industrie des cosmétiques et ce que les requins de la publicité avaient l'intention de faire à ce sujet, a suscité le type de réaction parmi les lecteurs du *Militant* que seule une question importante mérite. Comment peut-on expliquer cela ?

Une réponse possible est que j'ai fait preuve de préjugés envers les femmes en écrivant sur les fabricants de cosmétiques et leur service de « relations publiques » et que cet étalage de préjugés dans le *Militant* a soulevé naturellement l'indignation. (Un exemple : « Peut-être, Jack, es-tu tenté de rire et de te moquer du fait que j'utilise des produits de beauté populaires pour surmonter certaines des difficultés que doit affronter une femme qui travaille pour gagner sa vie. Ris tant que tu voudras. » — F. J. dans le *Militant*.) Je dois avouer qu'il ne m'est pas facile de répondre à cette accusation. Premièrement, on ne présente aucune preuve que je suis coupable de préjugés. Comment puis-je alors déterminer rationnellement qui est fautif, moi-même ou les critiques, ou s'il y a un élément de malentendu ? De plus, si on ne m'explique pas ce que sont mes préjugés, on ne me donne aucune possibilité de me corriger.

Faute d'une description précise de mes préjugés, j'en arrive à soupçonner que ce qu'expriment mes détracteurs, ce sont des sentiments qui, peut-être, ne correspondent pas aux faits réels. Devant cette difficulté, on m'excusera peut-être de me référer à ce que Hegel avait à dire sur les jugements qui ne sont pas explicités : « Puisque l'homme de bon sens fait appel à son sentiment, à un oracle dans son coeur, il ne tient aucun compte de quiconque n'est pas d'accord avec lui. Il n'a qu'à expliquer qu'il n'a plus rien à dire à celui qui ne trouve pas et ne ressent pas la même chose que lui. En d'autres termes, il foule aux pieds ce qui constitue la racine de l'humanité. Car la nature des êtres humains les pousse à s'entendre les uns avec les autres, et l'existence même de l'humanité réside simplement dans la réalisation explicite d'une communauté de vie consciente. Ce qu'il y a d'antihumain, c'est-à-dire de purement animal, c'est de rester dans la sphère du sentiment pur et simple, et de ne pouvoir communiquer que par le biais d'états de sentiment. »

Que l'on soit d'accord ou pas avec le fait que j'ai consciemment ou inconsciemment des préjugés pour ou contre les femmes, les questions clés dans la discussion sur les cosmétiques demeurent et il faut les examiner en fonction de leurs propres mérites. Une discussion sur ces questions, je pense, s'avérera fructueuse peu importe les nuances de désaccords que nous risquons de conserver à la fin.

« Les cosmétiques sont une triste nécessité »

Dans sa lettre au *Militant*, Helen Baker de Seattle dit : « Loin d'être des produits de luxe (bien qu'ils soient taxés comme tels), les cosmétiques sont une triste nécessité pour la travailleuse plus âgée ou celle que la nature n'a pas avantagée physiquement. » Si je mets de côté le rapport entre les cosmétiques et la travailleuse plus âgée ou que la nature n'a pas avantagée physiquement, que j'examinerai plus tard, je suis complètement d'accord avec la conclusion de la camarade Helen Baker selon laquelle « les cosmétiques sont une triste nécessité ». Ils sont une triste nécessité dans les décennies actuelles du capitalisme, en particulier aux États-Unis. Triste jusqu'à quel point, nous y reviendrons plus loin. Mais commençons par le point sur la nécessité.

Antoinette Konikow, une pionnière du trotskysme américain, l'a bien présenté dans une lettre publiée dans le *Militant* du 9 juin 1945 et sur laquelle Gustie Dante de Boston a attiré mon attention [*]. La lettre, qui semble destinée

---

[*] Antoinette Konikow (1869-1946), née en Russie, a été parmi les membres fondateurs de l'Émancipation du travail, le premier groupe marxiste en Russie en 1888, et du Parti communiste aux États-Unis. Opposée à l'abandon du cours révolutionnaire de Lénine par la bureaucratie stalinienne, elle a été expulsée du Parti communiste en 1928 et a rejoint la Ligue communiste d'Amérique, précurseur du Parti socialiste des travailleurs. Elle a fait partie d'un très petit nombre de médecins aux États-Unis à s'exprimer publiquement et à mener la lutte pour le droit au contrôle des naissances dans les premières années du 20[e]

à corriger partiellement un article de Grace Carlson dans le *Militant* du 21 avril 1945, mérite d'être citée en entier :

> Votre article sur « Le droit d'être belle », dans lequel vous examinez l'utilisation des cosmétiques et des produits de beauté, a éveillé en moi quelques réflexions que je souhaiterais partager avec vos lecteurs. Je vis depuis près de trois quarts de siècle et dans ma jeunesse nous n'utilisions jamais de cosmétiques. En fait, on considérait que leur utilisation était indécente. Et pourtant, nous avions beauté et vie romantique. Comment expliquer la situation actuelle ? Il me semble que l'entrée des femmes dans l'industrie a beaucoup à y voir.
>
> Alors que les dames riches utilisent des cosmétiques pour cacher la pâleur de leur visage, acquise pendant le tourbillon hivernal des soirées sans fin à boire et à danser au sein de la haute société, les femmes qui travaillent dans les usines et les commerces ont les traits pâles et fatigués à cause de l'épuisement physique qu'entraînent la surcharge de travail, la mauvaise aération, les repas pris sur le pouce, le rythme effréné de la vie et les soucis.
>
> La travailleuse utilise des cosmétiques pas seulement pour sa satisfaction personnelle, pour se faire belle ou pour éventuellement attirer un amoureux, mais aussi parce qu'elle se doit de briller et d'être suffisamment attrayante pour garder son

---

siècle. En 1923, elle a écrit *Voluntary Motherhood* et, en 1928, elle a été arrêtée pour avoir donné des conférences sur l'éducation sexuelle.

emploi. Je pense que si les femmes avaient une vie saine et normale, elles auraient un air différent.

Elles acquerraient les joues roses que nous avions dans notre jeunesse, des yeux brillants et des lèvres rouges.

Pour moi, les cosmétiques sont une expression de notre vie malsaine sous le capitalisme. Ce n'est pas une question importante mais mieux vaut comprendre que les changements dans le travail des femmes affectent même les aspects les moins importants de leur vie. Ceci ne signifie pas que je condamne les cosmétiques. Je pense que nous aurons à les utiliser pour un bon moment encore !

Malgré sa brièveté, cette lettre en dit beaucoup. Notez en particulier le dernier paragraphe : « Pour moi, les cosmétiques sont une expression de notre vie malsaine sous le capitalisme. » Il est très clair que, tout comme Antoinette pouvait se souvenir que dans sa jeunesse la beauté existait sans cosmétiques, elle pouvait aussi visualiser une époque dans le futur où la beauté existerait à nouveau sans cosmétiques. Son attitude était révolutionnaire. En même temps, dans la mesure où une femme doit utiliser des cosmétiques « pour garder son travail » ou pour « sa satisfaction personnelle », Antoinette ne condamnait pas les cosmétiques. Cette nécessité, elle en convenait, nous est imposée par l'époque et nous devrons nous y plier « pour un bon moment encore ».

Mais les cosmétiques confèrent-ils de la beauté ?
Presque tout le monde, je crois, admettra la nécessité d'utiliser des cosmétiques. Nous devons aussi utiliser de l'argent.

Mais alors une question très importante surgit : l'argent ou les cosmétiques font-ils partie de nos normes de beauté ?

La camarade Jeanne Morgan de Los Angeles commence, je crois, sur le même terrain que moi lorsqu'elle dit : « Notre usage des cosmétiques est loin d'être un luxe. C'est essentiellement une nécessité économique. » Pourtant, elle en tire ensuite la conclusion qu'il « est ainsi devenu une nécessité esthétique ».

D'accord, mais une nécessité esthétique pour quelle classe et dans quel genre de société ? Si nous devions suivre la logique d'Antoinette Konikow, il nous faudrait dire qu'il s'agit d'une nécessité esthétique en société capitaliste, une nécessité qui nous est *imposée* dans la mesure où nous ne pouvons échapper à cette société. Mais le sachant, nous ne considérons plus cela comme beau. En tant que travailleurs ayant une conscience de classe, nous avons une norme différente, tout comme nos normes de moralité diffèrent de celles des capitalistes.

Mais la camarade Jeanne Morgan place les cosmétiques dans une catégorie supra-historique : « Les cosmétiques remontent à l'antiquité et ont été utilisés pour beaucoup de raisons, bonnes et mauvaises. Aussi bien les hommes que les femmes continueront probablement à les utiliser même sous le socialisme, pour le plaisir personnel de s'embellir. »

Disons-le sous une forme un peu différente : c'est dans la nature humaine de vouloir utiliser des cosmétiques pour le plaisir personnel de s'embellir. Les gens ont toujours désiré cela et le désireront toujours. On ne peut changer la nature humaine.

Si nous acceptons cette thèse, qu'advient-il du terrain commun sur lequel nous avons commencé, comme quoi notre « usage des cosmétiques est loin d'être un luxe. C'est essentiellement une nécessité économique » ? N'est-il pas évident qu'accepter l'idée que les cosmétiques confèrent de la beauté, c'est faire une concession à l'idéologie bourgeoise ?

Le langage des cosmétiques

Jusqu'à maintenant, notre discussion a porté *sur* les cosmétiques sans leur permettre de parler pour eux-mêmes. Pourtant, il y a peu de secteurs du monde des marchandises qui soient plus éloquents. Interrompons notre discussion et prenons une pause assez longue pour écouter ce que les cosmétiques ont à dire. Suivant le conseil de la camarade Jeanne Morgan, cédons la parole à un cosmétique utilisé non par l'homme socialiste du futur, mais par les hommes capitalistes et prolétariens du présent.

Quand mon rasoir électrique tombe en panne, je retourne à mon vieux rasoir à barbe. Après, je m'asperge d'un cosmétique qui brûle sur le coup, mais qui semble aider à faire disparaître cette sensation d'irritation qu'on éprouve après s'être raclé la peau avec une lame de rasoir. Je l'ai acheté parce que l'étiquette indique « alcool 50 % par volume » et que, selon la légende, l'alcool réduit le risque d'infection causée par un rasoir. Au dos de l'étiquette, il y a un court message où Skin Bracer de Mennen se raconte. Le message garde un silence démagogique sur les risques et les ennuis associés au rasage. Il ne dit pas un traître mot sur la *nécessité économique* qui m'oblige à m'infliger ce rituel quotidien pour garder un emploi. Au lieu de cela, il proclame : « Une délicieuse lotion après-rasage. Rafraîchissante, revivifiante, légèrement astringente. Un déodorant agréable et facile à utiliser. Utilisez Skin Bracer à n'importe quelle heure du jour ou de la nuit — il vous donne de l'énergie. Et son arôme intrigant séduit les dames ! »

Cette dernière phrase est intrigante, n'est-ce pas ? Si c'était vrai, imaginez à quel point ça allégerait les problèmes auxquels fait face notre laborieux prolétaire. Lorsqu'il arrive chez lui, épuisé après huit heures d'une cadence folle sur la chaîne de montage, et qu'il se rend dans la salle de bain pour reprendre des forces avec Skin Bracer de Mennen, il trouve enfin une porte de sortie. Finies les perspectives ternes et sans fin d'une vie entière de pauvreté et de labeur. Il se rase avec un nouvel éclat dans les yeux, s'asperge de l'arôme intriguant, se rend dans les beaux quartiers de la ville, s'approche astucieusement d'une héritière et se met dans le bon sens du vent ; il la « séduit » et, à partir de là, il se la coule douce. Eh bien, même Bustelo pourrait utiliser une goutte de cet élixir intriguant et séduire les femmes qui pensent qu'il a des préjugés contre leur sexe. N'est-ce pas de la pure sorcellerie, capturée et concentrée dans un flacon de Skin Bracer de Mennen ?

Le service des relations publiques de la société Mennen ne mettrait certainement pas sur des millions de bouteilles quelque chose qu'aucun homme ne pourrait croire. Mais que veut-on faire croire aux utilisateurs masculins de ce cosmétique ? Évidemment, qu'il existe une *chose* qui peut faciliter leurs rapports avec les femmes. Et cela veut dire, n'est-ce pas, que quelque chose de fondamental ne tourne pas rond à une échelle de masse dans les *rapports* entre les hommes et les femmes. De quoi s'agit-il ? Quelle en est la cause ?

Pour éviter de tirer des conclusions trop hâtives sans preuves suffisantes, essayons un autre cosmétique. En septembre, Max Factor a fait paraître une publicité dans les journaux pour un rouge à lèvres « grand teint ». Pour « rendre les hommes fous de vous, dit la pub, utilisez See

Red [Voir rouge]. » Ce rouge à lèvres « possède une couleur exubérante et naturelle, un rouge ardent qui peut *vous* rendre follement jolie. De plus, il reste vif et embrasé pendant des heures et des heures. Son étonnant "lustre impérissable" ne pâlit pas et ne s'affadit pas. Passez acheter See Red aujourd'hui. Mais attention, ne commencez pas quelque chose que vous ne pouvez finir ! ». L'illustration qui accompagne la publicité montre deux hommes front contre front, qui poussent leurs nez l'un contre l'autre, comme deux lutteurs furieux dans un tournoi de lutte libre au stade Marigold, et une fille, les lèvres extrêmement colorées, qui leur jette un regard oblique avec une sorte de plaisir pyromane.

Encore une fois, nous remarquons le silence démagogique sur la nécessité économique de porter du rouge à lèvres. On ne dit même pas que le rouge à lèvres vous fera retrouver la jeunesse. On n'insiste pas du tout sur comment le rouge à lèvres peut aider les femmes à obtenir et garder un emploi. On insiste sur la façon « de rendre les hommes fous de vous ».

Il faut à nouveau se demander quel pouvoir magique se concentre ainsi dans quelques centimètres de graisse colorée. Et nous devons dire que la sorcellerie se trouve dans le fait qu'on attribue à une *chose* la capacité de faciliter les rapports des femmes avec les hommes. Nous sommes obligés d'ajouter à nos conclusions que, du point de vue des femmes, il doit y avoir, sur une grande échelle, quelque chose qui ne fonctionne pas bien dans leurs *relations* avec le sexe opposé.

Examinons une autre publicité parue récemment, sur une demi-page. Deux dessins : l'un représente une femme nue allongée, discrètement vue de dos, et l'autre, un flacon de parfum appelé « ishah ». Au-dessus et en-dessous de ces images accrocheuses se trouvent les mots à sensation suivants :

« L'essence même de la femme — Sa beauté — Son charme — *ishah* — découvert par Charles of the Ritz. Mis en bouteille, emballé et scellé en France. De 10 $ à 12,50 $ (taxe en sus). »

Il ne s'agit pas là d'une nouvelle découverte scientifique permettant à un homme solitaire d'acheter l'essence même de la femme, sa beauté, son charme, entièrement embouteillés, emballés et scellés en France. Ce sont les femmes qui sont visées. Es-tu une femme qui n'est pas une femme ? Qui manque de beauté ? De charme ? Console-toi. On a maintenant réglé tout cela. On a maintenant découvert, capturé et mis en flacon l'essence même de la femme, sa beauté, son charme. Tout ce qu'offrent toutes les différentes sortes de cosmétiques et de produits de beauté est maintenant disponible dans un seul flacon pour 10 $ à 12,50 $ (taxes en sus). Et tout est merveilleusement facile, sans inconvénient, sans chirurgie plastique, sans torture. Il suffit d'appliquer une ou deux gouttes de l'essence derrière tes oreilles ET LE TOUR EST JOUÉ !

Il y a longtemps, en analysant l'étrange pouvoir de l'argent, Marx a attiré l'attention sur cette projection par laquelle les êtres humains perçoivent les relations entre eux non pas comme des relations, mais comme des *choses* qu'ils dotent de pouvoirs remarquables. Pour souligner la ressemblance avec certains objets magiques dans les croyances et religions primitives, il l'a appelée *fétichisme*. Avec les cosmétiques, ce qu'on a, c'est un fétiche, un fétiche particulier dans le fétichisme général du monde des marchandises. Le pouvoir particulier des cosmétiques vient du fait que non seulement des relations économiques, mais aussi des relations sexuelles, y sont rattachées. Telle est la véritable source de la « beauté » que les hommes et les femmes voient dans les cosmétiques.

La dualité des cosmétiques

Comme nous pouvons maintenant le voir, même si nous n'avons pas à en faire une question difficile, l'utilisation de cosmétiques comporte un aspect très sérieux du point de vue de la philosophie marxiste. Tout étudiant du *Capital* qui a vraiment médité sur « Le caractère fétiche de la marchandise et son secret » saura ce que je veux dire *. Mais même sans trop l'approfondir, je pense qu'il est possible de comprendre l'essence de la question à l'aide d'un exemple particulier que la plupart des gens connaissent.

À un certain âge, certaines filles, parfois de très jeunes filles, commencent à essayer le rouge à lèvres, la poudre et le fard. Dans presque tous les cas, ce comportement soit provoque des tensions croissantes dans leurs relations avec leurs parents, soit il en découle. En même temps, ces filles semblent souvent sauter par dessus leur groupe d'âge en ce qui concerne leurs anciens copains d'enfance. Si elles le peuvent, elles fréquentent des jeunes beaucoup plus vieux qu'elles. Ce qui les pousse à faire appel aux cosmétiques, c'est qu'elles cherchent à *paraître plus vieilles qu'elles ne sont.*

Ce qu'elles veulent dire est assez évident. Par la magie des cosmétiques, elles expriment leur désir d'abréger leur enfance et leur jeunesse et d'atteindre l'état le plus désirable : l'âge adulte. Pourquoi veulent-elles devenir des adultes ? On peut présumer que cela est lié à la façon dont la société capitaliste traite sa jeunesse. À l'âge précis où les pulsions sexuelles commencent à se manifester et que les jeunes ressentent un besoin intense de connaissance et d'expérience, la société capitaliste leur refuse les deux. Juste au moment où l'être humain qui se développe doit commencer à établir des relations normales avec le sexe opposé, la société capitaliste intervient par l'entremise de la famille et essaie de réprimer cette forte pulsion.

La relation avec le sexe opposé tend ainsi à se déformer et l'intérêt associé à la relation devient en grande partie symbolique. La force et l'attrait de la relation, du moins en partie, se transfèrent également dans le symbole. Le rouge à lèvres, par exemple, en vient à représenter la vie adulte, c'est-à-dire la capacité et la liberté des adultes de s'engager dans des activités interdites aux enfants. En s'enduisant les lèvres, la jeune dit : ça me donne le pouvoir de faire ce que je veux. Évidemment, ce n'est qu'un souhait et qu'une satisfaction imaginaire ; ou du moins, c'est ce que la plupart des parents veulent croire ou s'imaginent. Ils ne reconnaissent pas toujours la force véritable de la pulsion vers des relations avec le sexe opposé, représentée par le fétiche. Le symbole devient beau ou laid, bénéfique ou néfaste. Quand Antoinette Konikow était jeune, par exemple, le rouge à lèvres était « indécent ». Aujourd'hui, il est devenu une « obligation ».

Cette intéressante variation, avec le temps, de l'esthétique des cosmétiques s'accompagne d'une dualité encore plus frappante de ses pouvoirs. Pour une enfant, comme nous l'avons noté, les cosmétiques sont un moyen de cacher et de déguiser sa jeunesse, un moyen de sembler avoir l'âge où il est socialement acceptable de satisfaire le besoin de connaître et particulièrement d'expérimenter des relations sexuelles. Ainsi le même fétiche présente au même moment des pouvoirs contradictoires : le pouvoir de rajeunir les femmes âgées et de vieillir les jeunes femmes. La mère utilise des cosmétiques pour cacher son âge et retrouver sa jeunesse en couvrant les cernes sous ses yeux. La fille les utilise pour cacher sa jeunesse et se maquille même les yeux d'un fard bleu afin de mettre en valeur sa beauté adulte.

Maintenant, que dirons-nous des filles qui utilisent des cosmétiques à cause de la nécessité sociale d'avoir l'air plus âgées : devrions-nous leur refuser ce droit ? Ma tendance serait de leur dire qu'elles devraient utiliser des cosmétiques si elles en ont envie. En même temps, je serais fortement tenté d'expliquer ce qu'est un fétiche, comment il finit par se construire, ce qui se trouve vraiment derrière lui et comment cette société particulière dans laquelle nous vivons nie à la jeunesse le droit qui, de tous les droits, est le plus élémentaire : le droit de développer naturellement une relation sexuelle normale. La société donne plutôt aux jeunes le fétiche des cosmétiques comme compagnon approprié du fétiche de l'argent.

L'application de la méthode marxiste a ainsi contraint les cosmétiques à nous fournir deux résultats importants. Nous arrivons ainsi à toucher du doigt deux questions de la plus grande importance dans la société capitaliste : la relation entre les hommes et les femmes et la relation entre les jeunes et les adultes, autrement dit toute la question de la famille. De plus, nous avons découvert que ces relations, telles que façonnées par la société capitaliste, sont mauvaises parce que c'est justement leur manque d'harmonie et de liberté qui engendre le fétiche des cosmétiques. En retour, l'existence du fétiche contribue à maintenir la forme actuelle de ces relations en ouvrant la porte à une diversion et à un palliatif illusoire. Nous avons ainsi mis à jour un cercle vicieux. De mauvaises relations alimentent le fétiche des cosmétiques ; le fétiche des cosmétiques alimente de mauvaises relations.

Notre application de la méthode marxiste nous a donné encore plus. Si nous nions que la beauté soit inhérente à une *chose*, alors elle doit se trouver dans une relation humaine ; ou du moins sa source doit être trouvée dans une telle relation. Est-ce que ceci ne veut pas dire que la beauté associée à la sexualité est au fond la beauté non pas d'une chose mais d'une relation ? Si nous voulons comprendre cette beauté, nous devons d'abord la rechercher dans la vérité de la relation, c'est-à-dire par le biais de la science. Est-ce vraiment si difficile de voir que dans la société de l'avenir, la société du socialisme où tous les fétiches seront correctement vus comme barbares, on recherchera cette beauté dans les relations humaines et, après que la science aura illuminé les profondeurs qui nous semblent si obscures — les profondeurs de l'esprit — les nouveaux grands arts se développeront dans ces terrains vierges ?

Dans la société de classe dont nous avons hérité, on peut en voir des indices, je crois, dans une relation comme celle que Marx et Engels ont établie. Nous ne savons pas s'ils en étaient pleinement conscients. Mais nous-mêmes, je pense, ressentons, de manière unilatérale, de telles formes de beauté dans l'admiration et la tendresse que nous éprouvons pour nos camarades dans la lutte socialiste. C'est leur *caractère* qui nous attire et non leur teint, la régularité de leurs traits, leur âge ou la couleur de leur peau. Et le caractère, comme nous le savons tous, se définit dans l'action, c'est-à-dire par les actes que nous accomplissons. C'est là qu'un révolutionnaire socialiste recherche la beauté chez les gens.

« Le goût corporatif »

Antoinette Konikow, rappelons-le, a noté que pendant sa jeunesse les jeunes filles n'utilisaient jamais de cosmétiques. « Et pourtant, nous avions beauté et vie romantique.» Cela peut nous sembler étrange de nos jours, en particulier si nous en sommes venus à considérer les cosmétiques comme signe de beauté et de vie romantique. Qu'est-ce qui nous a amenés à adopter cette attitude ?

Nous pourrions en trouver des indices d'un point de vue théorique en cherchant soigneusement dans les classiques du marxisme. Par exemple, Georges Plékhanov dans *Les questions fondamentales du marxisme* observe ce qui suit à propos d'une période antérieure :

> Il y a dans le livre de Ernest Chesneau (*La peinture française au XIXe siècle : les chefs d'école*, Paris, 1883, p. 378-379) une remarque très fine sur la psychologie des romantiques. Chesneau souligne le fait que le romantisme est apparu au lendemain de la Révolution et de l'Empire. « Dans la littérature et l'art, il y eut une crise, semblable à celle qui se produisit dans les moeurs après la Terreur, une véritable orgie des sens. Les gens avaient vécu dans une peur perpétuelle. Après, leur peur cessa et ils s'abandonnèrent au plaisir de vivre. Leur attention était attirée exclusivement par les apparences extérieures, les formes extérieures. Le ciel bleu, la lumière éblouissante, la beauté des femmes, les velours somptueux, les soies aux couleurs

chatoyantes, l'éclat de l'or, le feu des diamants, tout donnait de la jouissance. Les gens ne vivaient qu'avec les yeux, ils avaient cessé de penser.» Cela ressemble sur bien des points à la psychologie de l'époque que nous vivons actuellement en Russie. Mais la marche des événements, qui était la cause de cet état d'âme, était elle-même provoquée par la marche de l'évolution économique [*].

La période dont parle Plékhanov était une période de réaction comme celle que nous vivons aujourd'hui, à la différence que la réaction que nous subissons est incomparablement plus profonde que celle qui a affligé les socialistes russes. L'indice que nous fournit Plékhanov pourrait bien susciter une étude sur cette question, en particulier sur comment le poids de la réaction affecte l'avant-garde révolutionnaire par des voies aussi indirectes que les normes capitalistes de la beauté. À la somptuosité du velours, aux reflets de la soie, au flamboiement de l'or, au scintillement du diamant, nous pourrions aisément substituer la

---

[*] Georges Plékhanov, *Les questions fondamentales du marxisme*, Éditions sociales internationales, Paris, 1927, p. 69).

Plékhanov (1856-1918) fut le fondateur en 1883 de la première organisation marxiste en Russie, l'Émancipation du travail, et un dirigeant central du mouvement révolutionnaire jusqu'en 1903, date à laquelle il rompit avec Lénine et la majorité bolchevique du Parti ouvrier social-démocrate russe. Il est l'auteur de nombreux ouvrages marxistes expliquant et appliquant le matérialisme dialectique. Plékhanov soutint plus tard le gouvernement bourgeois russe pendant la Première Guerre mondiale et s'opposa à la révolution d'Octobre 1917.

Les questions fondamentales du marxisme a été écrit en 1907. En parlant de «l'époque que nous vivons», il fait référence à la période de réaction et de répression imposée par les tsaristes après la défaite de la Révolution russe de 1905.

somptuosité des pavillons de banlieue, l'iridescence des téléviseurs, l'éclat d'une nouvelle voiture et le scintillement des carreaux dans une cuisine moderne. Il ne manquerait pas de matériel !

Nous jouirions même d'un avantage considérable par rapport à Chesneau et Plékhanov, car l'influence des normes capitalistes semble être beaucoup plus directe en Amérique qu'elle l'était en Russie ou en France.

Prenez, par exemple, la publicité suivante dans la dernière édition de la revue *Charm* (octobre 1954) : la photo flatteuse d'une beauté féminine conventionnelle qui a rendez-vous avec une beauté masculine conventionnelle (les deux de type aryen élancé) pour voir la comédie musicale « The Pajama Game » [Pique-nique en pyjama]. Et voici le message : « Pleine d'énergie même après 17 heures [...] grâce à sa machine à écrire électrique Remington. Et ce n'est pas surprenant, *c'est l'électricité qui travaille* et aide les femmes de lettre intelligentes d'aujourd'hui à remettre un si beau travail *en si peu de temps*, avec *si peu d'efforts* et qui fait tellement plaisir au patron ». C'est accompagné de la photo du fétiche lui-même : une toute nouvelle machine à écrire électrique Remington, au profil esthétiquement aérodynamique pour la rendre résistante au vent.

La référence à la relation derrière le fétiche (« un pique-nique en pyjama ») n'est pas ce qui rend cette publicité remarquable. C'est plutôt la suggestion qu'en quittant le travail, une dactylo, une sténographe ou une secrétaire peut être plus morte que vivante. C'est aussi l'aveu manifeste que la personne vraiment intéressée est le patron. On exalte un fétiche qui peut accélérer le travail (« en si peu de temps ») presque comme s'il s'agissait d'une lotion après-rasage. Comparez le slogan « il vous donne de l'énergie » de Mennen pour son Skin Bracer et celui-ci « pleine d'énergie même après 17 heures » pour une machine à écrire Remington Rand. Que de sorcellerie dans la machine à écrire d'un requin de la publicité !

Si quelqu'un doute encore de l'étendue de l'implication directe de la classe capitaliste américaine dans cette question de la beauté, permettez-moi de citer les paroles qui suivent d'un livre récemment publié, *The Tastemakers* [Les créateurs de goût], écrit par l'un d'entre eux, Russell Lynes, le directeur de rédaction de la revue *Harper's*.

> Toutes sortes de pressions s'exercent sur nos goûts, des pressions que même les plus réticents d'entre nous peuvent difficilement ignorer. La fabrication du goût en Amérique est, en fait, une industrie très importante. Pouvez-vous imaginer un autre endroit où il y a autant de professionnels dictant à autant de non-professionnels ce que doit être leur goût ? Y a-t-il un pays qui ait autant de magazines que le nôtre consacrés à dicter aux gens comment ils doivent décorer leur maison, couvrir leur corps et se comporter en société ? Et autant de chroniques de journaux remplies de conseils sur ce qui constitue le bon goût et sur ce qui constitue le mauvais goût ?
>
> Au cours des 125 dernières années, fabriquer le goût en Amérique est devenue une grosse industrie qui emploie des centaines de milliers de personnes dans des salles de rédaction et des agences de publicité, des imprimeries, des galeries et musées, des boutiques et bureaux de consultants. Si l'industrie du goût devait faire

faillite, nous connaîtrions une dépression majeure et les fabricants du goût en chômage formeraient des files d'attente interminables pour la soupe populaire.

Cela m'apparaît comme une façon de parler franchement de la source de l'une des pressions qui pèsent sur nous. Mais Russell Lynes s'exprime encore plus clairement dès le paragraphe suivant :

> Toutefois, il y a peu de chance que nous subissions une telle catastrophe, car l'industrie du goût est progressivement devenue essentielle au fonctionnement de notre variété américaine de capitalisme. C'est dans la nature de notre système économique non seulement de répondre à la demande, mais aussi de la créer. Une des façons de créer cette demande est de changer les goûts des gens, ou du moins de les inviter à les changer, et de créer des pressions tellement fortes pour leur faire renoncer à ce qui semblait bon hier en faveur de ce qui devrait sembler alléchant aujourd'hui qu'il leur sera presque impossible de résister.

Nous pouvons voir à quel point il est difficile de résister aux pressions en constatant que même de bons révolutionnaires ont succombé à la prospérité qui s'est maintenue depuis le début de la Deuxième Guerre mondiale. Certains l'ont fait en silence, sans chercher des divergences politiques pour s'en excuser ou se justifier. Il s'est avéré impossible de résister à l'attrait d'un pavillon de banlieue avec une baie vitrée panoramique tel que présenté dans les

couleurs luxueuses de la revue *Better Homes and Gardens*.
Cette pression écrasante a un nom : elle est « bourgeoise ».
Le prolétaire s'est « embourgeoisé ». En d'autres termes, il
a cessé de penser et est devenu « accro » à l'opium du fétiche de la marchandise.

Russell Lynes décrit l'époque contemporaine comme
l'époque du « goût corporatif ». « La vérité, dit-il, c'est que
l'entreprise s'est transformée en l'un des mécènes les plus
puissants et consciencieux [veut-il dire « conscients » ?] de
notre époque et s'est imposée non seulement comme fournisseuse d'objets de bon goût mais aussi comme arbitre
du goût. » Il date même les débuts du « goût corporatif » :
« Il était inévitable que, tôt ou tard, le monde des affaires
fasse appel à la culture dans ses efforts pour regagner la
confiance du public. Et il a commencé à le faire sérieusement au début des années 40, pendant que se poursuivait
la guerre. »

La guerre impérialiste s'est donc reflétée dans le développement d'un goût impérialiste dans la culture en
Amérique.

« Si nous voulons comprendre cette influence de l'entreprise sur les goûts de notre temps, nous devons examiner
cette dernière de trois façons : en tant que consommatrice
d'art dans son rôle de mécène ; en tant que fournisseuse
d'art dans son rôle de fabricante ou dispensatrice d'objets
dont nous nous entourons ; et enfin en tant que nouveau
genre de société dans laquelle le goût a une nouvelle signification. » De façon évidente, ce directeur de rédaction
d'une revue bourgeoise influente sait ce dont il s'agit. Il
avoue même que la motivation des entreprises dans le domaine de la culture, « même si on ne l'admet qu'indirecte-
ment, a été le profit ».

Il cite des exemples d'incursion dans ce domaine par des entreprises comme Dole Pineapple, Capehart Phonograph-Radio, Container Corporation of America, Standard Oil du New Jersey, Pepsi-Cola et Corning Glass. Et il explique en quelques détails en quoi consiste le raisonnement de ces mécènes de la beauté :

> Pour beaucoup de grands fabricants, le problème n'est pas d'améliorer le goût mais de le maintenir dans un état fluide, de façon que ce qui avait l'air nouveau et attrayant l'an dernier semble démodé cette année et totalement archaïque dans dix ans. [...]
> Tout comme le conseiller en relations publiques se préoccupe de la guerre psychologique de l'entreprise, le designer industriel se préoccupe de la logistique du goût. Autrement dit, il a pour fonction de livrer les batailles de l'entreprise sur le front du goût.

Il est tentant de continuer à citer Russell Lynes pour montrer dans quelle mesure le grand capital américain fait et défait de manière consciente nos conceptions en matière de beauté, mais il faudra se contenter d'un autre paragraphe :

> Ceux qui fabriquent et vendent des réfrigérateurs et des tapis, des automobiles et des landaus, des meubles et des robes verraient apparaître sur leurs tableaux de vente une baisse affligeante à moins de parvenir à repenser leurs articles de façon à ce que le « dernier cri » de l'an dernier

apparaisse aujourd'hui comme un produit banal. Une cuisinière « démodée » dont le four est à une hauteur raisonnable pour les yeux peut être plus efficace qu'une toute nouvelle cuisinière qui oblige la ménagère à se plier en deux pour voir le rôti. Mais le fabricant fera de son mieux pour la faire rêver d'un nouveau modèle parce qu'il est plus « moderne » et, par euphémisme, « mieux conçu ». Évidemment, la même chose est vraie, et même encore plus vraie, pour les automobiles. Depuis 1905, l'industrie automobile n'a d'égale que l'industrie de la mode pour femmes quand il s'agit d'insister sur l'élégance du « modèle de l'année » comparativement à celle du « modèle de l'an dernier ». En fait, un homme se pare de son automobile tout à fait dans le même esprit qu'une femme porte ses vêtements et il est soumis aux caprices calculés de Détroit de la même façon que son épouse est soumise aux caprices tout autant calculés de Paris.

Dans toute l'histoire du capitalisme, la bourgeoisie a-t-elle déjà cultivé le fétiche des marchandises avec plus de sang-froid que le grand capital américain ?

En critiquant ma dénonciation des vendeurs de cosmétiques, Marjorie McGowan affirme : « L'art a pénétré tous les domaines de la vie. Casseroles, poêles, tissus, meubles, lampes, cuisinières, aménagement paysagiste, architecture, *tous* les objets qui nous entourent sont devenus des véhicules pour l'expression créatrice de l'artiste et du designer. » Je dois avouer qu'il y a une part de vérité dans ce qu'elle dit. C'est l'« art corporatif », dont le meilleur exemple est

« Dans toute l'histoire du capitalisme, la bourgeoisie a-t-elle déjà cultivé le fétiche des marchandises avec plus de sang-froid que le grand capital américain ? » —*Joseph Hansen*

Des « skinfluencers » sur la plate-forme TikTok poussent des filles de 10 à 12 ans, les « Sephora Kids », à utiliser des produits de « beauté ».

Cypress, Texas, 2020. On peut lire sur ce panneau publicitaire : « Réinventez votre été grâce à une augmentation mammaire. »

« L'"industrie" de la publicité capitaliste a un impact plus insidieux en se répandant dans le monde entier. En Afrique, en Asie et en Amérique latine, le chant des sirènes du fétichisme des marchandises est une arme impérialiste sans pareil. » *—Mary-Alice Waters*

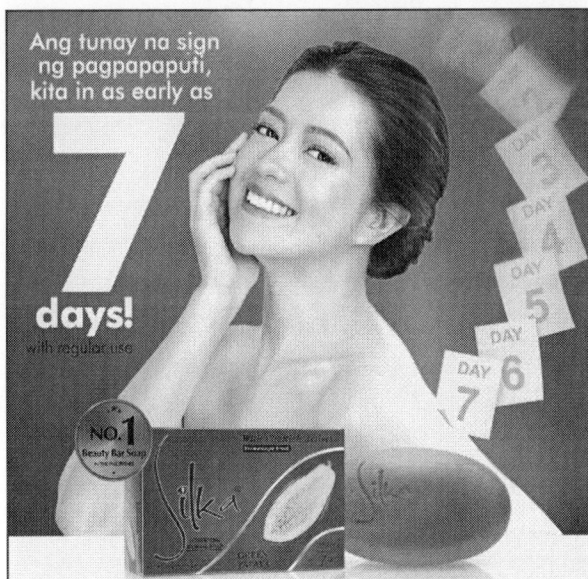

Ang tunay na sign ng pagpapaputi, kita in as early as

7 days!

with regular use

NO.1 Beauty Bar Soap

L'annonce pour le savon Silka aux Philippines promet « de vrais signes de blanchiment » en sept jours !

« À un très jeune âge, la plupart des Philippines apprennent à croire que pour être belle, il faut avoir une peau plus blanche ; pas notre *kayumanggi*, notre peau brune. » *—Shaira Embate, Manille, Philippines*

Les produits de beauté et de soins de la peau sont aujourd'hui parmi les articles les plus vendus en Afrique. Les ventes en 2023 s'élevaient à 8 milliards de dollars.

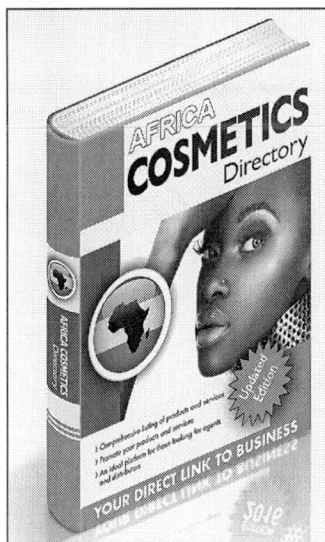

AFRICA COSMETICS Directory

Updated Edition

YOUR DIRECT LINK TO BUSINESS

la chanson publicitaire, qui a pénétré tous les domaines de la vie aux États-Unis aujourd'hui.

Devrions-nous engager la bataille sur ce front ?

Marjorie McGowan accepte la « logistique » de la bataille des corporations sur le front du goût comme une « révolution dans l'art de vivre ». J'apprécie sa franchise et je pense qu'elle rend service au parti en déclarant de façon précise quelles sont ses opinions sur ces questions, parce que cela nous aidera tous à clarifier notre attitude dans ce domaine difficile. Mais je dois souligner qu'autant elle est critique à l'égard de ma dénonciation des vendeurs de cosmétiques et de ceux qui en profitent et à l'égard de ma lettre ultérieure dans le *Militant*, autant elle se montre peu critique dans un sens plus important. « Par exemple, dit-elle, le socialisme ne rejettera pas la morale de la société bourgeoise *dans son ensemble* pour en créer une nouvelle à partir de rien. [...] Le socialisme éliminera plutôt l'hypocrisie et le mysticisme de la morale bourgeoise, conservera les idéaux universels de la fraternité humaine et fera de la Règle d'or une réalité. »

Je ne m'étendrai pas sur la question de savoir jusqu'à quel point cela s'écarte de l'opinion des auteurs du Manifeste communiste, qui pensaient que la révolution socialiste « implique la rupture la plus radicale avec les idées traditionnelles ». Je suis certain qu'après y avoir réfléchi, la camarade McGowan reconnaitra qu'elle a concédé à la morale bourgeoise plus que celle-ci le mérite. Les idéaux de la fraternité humaine sont l'antithèse même de la morale bourgeoise, pas la morale que les bourgeois prêchent le dimanche, bien sûr, mais la morale qu'ils pratiquent 365 jours par année. Cette morale place le pur intérêt personnel au-dessus de toute autre considération, ainsi que nous l'avons vu même dans le cas des cosmétiques. Les idéaux de la fraternité humaine sont incompatibles avec les normes de toute société de classe.

Dès le début, les marxistes ont critiqué les normes bourgeoises de morale et de beauté. Aujourd'hui en Amérique, où la plus puissante classe capitaliste de tous les temps a très consciemment décidé de prêter une certaine attention à l'esthétique, les affronter sur ce terrain n'est pas qu'un simple devoir théorique ; il s'agit d'une urgente nécessité pratique. Cela fait partie intégrante de toute l'offensive idéologique que nous devons mener pour préserver notre héritage marxiste et construire un parti de combat. Nous ne pouvons laisser ce terrain à la bourgeoisie !

Mais on pourrait objecter que c'est une lutte sans espoir. « Nous ne changerons pas le monde en nous révoltant contre une question aussi secondaire que celle-ci, affirme Jeanne Morgan. C'est pourtant ce que votre article semble nous suggérer de faire. Si les femmes de la classe ouvrière boycottaient tous les cosmétiques, je doute fort que cela aiderait à construire un parti ouvrier, à affaiblir le système de Jim Crow ou à arrêter la course vers la guerre. » (J'espère que, rendu à ce point-ci, il n'est pas nécessaire d'expliquer que je ne préconise pas le « boycottage » des cosmétiques, tout comme je ne préconise pas le boycottage de l'argent.)

F. J. aussi ne veut pas se révolter sur cette question : « Mais en ce qui me concerne, je vis dans le monde tel qu'il est aujourd'hui, avec ses normes de beauté et ses coutumes sociales. »

Marjorie McGowan prétend que cette tâche est insurmontable et même chimérique : « Mais un seul coup d'oeil à l'éclat des vedettes quadragénaires d'Hollywood, obtenu uniquement grâce à un niveau de vie plus élevé et à l'alchimie des temples modernes de la beauté, suffit à convaincre des millions de femmes que c'est aussi ce qu'elles désirent. On peut se demander pour qui se prend Jack Bustelo pour nous suggérer qu'il s'agit là d'une chose ridicule. »

(Mais la lutte contre Jim Crow n'implique-t-elle pas le renversement de normes raciales de beauté qui ressemblent à celles des nazis et qu'on retrouve à Hollywood ? Est-ce que cela est ridicule ?)

Sur cette question, je pense qu'E. Patrick de Los Angeles a eu tout à fait raison de décrire dans le *Militant* les femmes de la classe ouvrière comme des dirigeantes dans cette bataille ainsi que sur d'autres fronts de la lutte pour le socialisme. Parlant de « l'attachement actuel des femmes à la société bourgeoise », tel que reflété « dans leur attachement aux normes de beauté de la classe dirigeante », elle estime que « comme la classe ouvrière en général, les travailleuses abandonnent ces normes bourgeoises ». C'est peut-être dit de façon un peu trop catégorique, mais c'est certainement juste dans la mesure où la tendance va dans ce sens. Nous pouvons en toute confiance compter sur les femmes du mouvement socialiste révolutionnaire pour transcender les normes bourgeoises et jouer un rôle dirigeant en tant que marxistes sur ce front idéologique important.

Et nous pouvons aussi être certains qu'elles trouveront des alliées parmi les femmes petites-bourgeoises — et oui, même parmi les stars de cinéma rendues rayonnantes par l'alchimie d'Hollywood. Est-ce tiré par les cheveux ? Écoutons une experte en la matière, Gloria Swanson, née le 27 mars 1899 mais encore rayonnante à l'âge de 55 ans.

Son témoignage nous offre en même temps une occasion de vérifier certaines de nos conclusions sur les cosmétiques, avec presque la même rigueur qu'un contrôle en laboratoire, puisqu'elle n'est même pas vaguement au courant de notre discussion et que, de plus, elle aborde toute la question du point de vue non pas de la beauté, mais de la morale.

La nécessité de mentir

Dans un article de l'édition du 26 septembre du magazine *This Week*, elle aborde la question : « Une femme devrait-elle mentir sur son âge ?

« Toute cette question m'irrite au point de me faire éclater, dit la célèbre actrice, ce qui montre bien la situation lamentable qui règne aujourd'hui. Je veux simplement dire ceci : presque toutes les femmes aux États-Unis développent une forte conscience de leur âge quand la trentaine se profile à l'horizon. » À partir de ce moment-là, presque toutes les femmes commencent à mentir sur leur âge.

À juste titre, Gloria Swanson exprime son indignation à l'endroit de ces hommes qui « ricanent dans les coulisses ». Mais mentir à propos de son âge n'est pas la faute des femmes. « Une femme, voyez-vous, ne s'abaisserait jamais à mentir sur son âge si les hommes aux États-Unis n'attachaient pas autant d'importance à la jeunesse. Nous sommes sans aucun doute le pays au monde qui se préoccupe le plus de l'âge et ce sont les hommes qui donnent le ton. *Le point de vue masculin amène une femme à croire que l'âge est une espèce de maladie contagieuse ou une grossièreté.* » (C'est Gloria Swanson qui souligne.)

Puis elle frappe fort : « Nos hommes superficiels perdent la raison devant des vedettes de l'écran qui hier encore — dans certains cas, littéralement — jouaient à la marelle au coin de la rue après école. Ils se tordent le cou à la plage pour dévorer des yeux les jeunes femmes en bikini ou se donnent des coups de coude au bureau en faisant un signe de tête en direction de la nouvelle fille trop bien habillée, qui a tendance à s'imposer et qui a moins de vingt ans. »

Et donc, si les femmes plus âgées essaient de rester dans le coup en retranchant des années, est-ce moral ? Gloria Swanson adopte ici un point de vue qu'un marxiste devrait reconnaître comme correspondant à la morale prolétarienne : « Je suis convaincue qu'une femme a raison de raconter des bobards si son gagne-pain et son bonheur, ainsi que ceux de sa famille, sont en jeu. Mais seulement dans ce cas. »

Quand une femme compétente pourrait se voir refuser un emploi à cause de son âge, cette partisane des droits des femmes « n'hésite pas un instant » à conseiller : « Donnez à l'employeur potentiel n'importe quel âge qui vous permettrait raisonnablement de vous en tirer. S'il est assez bête pour imposer une limite arbitraire qui ignore une expérience et des capacités confirmées, il mérite qu'on lui mente. De toute façon, vous devez vous soucier de vous et de votre famille. »

Il est parfaitement évident que l'approche de Gloria Swanson sur cette question correspond à celle des marxistes : si la nécessité économique vous contraint à mentir à propos de votre âge, bien sûr que vous mentez. (Qu'il s'agisse d'un dossier d'emploi falsifié ou de l'usage de cosmétiques, la forme du mensonge n'a pas d'importance ici.)

Mais cette nécessité économique est-elle absolue ? Devrions-nous la convertir en une nécessité esthétique ? Non, dit Gloria Swanson. « Ce raisonnement, je crois, est parfaitement fondé quand il s'agit réellement et sérieusement d'autoprotection. Mais dans toutes les autres circonstances, je ne vois pas vraiment l'intérêt du camouflage. »

Ses raisons pour en arriver à un tel raisonnement méritent l'attention de nous tous : « Premièrement, parce que mentir sur l'âge ne sert qu'à encourager cette absurde glorification de la jeunesse.

« Et deuxièmement, de toutes façons, qui croyez-vous tromper ? »

Selon moi, il s'agit là d'une position de principe sur cette question qui montre que, au moins jusqu'à un certain point, Gloria Swanson a pu démystifier quelques puissants fétiches.

Elle souligne ensuite que ce ne sont pas tous les hommes qui sont « superficiels ». « Des études sociologiques ont démontré qu'il existe un haut degré de bonheur conjugal quand les hommes (les plus intelligents !) considèrent qu'il y a d'autres qualités plus importantes que l'âge et qui épousent des femmes plus âgées qu'eux. » Nous dirions plutôt que c'est moins un indice d'intelligence que d'indépendance par rapport à certains fétiches cultivés aujourd'hui sous le capitalisme. Cette indépendance par rapport au fétichisme est parfois accidentelle et, de toute façon, n'a pas de rapport direct avec l'intelligence.

Pour illustrer son point, Gloria Swanson parle d'une fille qui a menti sur son âge et épousé un homme qui la croyait beaucoup plus jeune. Quand il a découvert la vérité, il en a été blessé et fâché. « Non pas parce qu'elle était plus âgée qu'il avait cru (lui aussi avait un peu d'intelligence), mais parce qu'elle lui avait menti. Et si elle prenait la vérité à la légère dans un cas, a-t-il pensé, quelle serait son attitude dans d'autres cas ? »

Cet homme qui recherchait du caractère chez sa partenaire était cependant assez intelligent pour comprendre pourquoi elle avait menti et avait lui-même assez de caractère pour « lui pardonner ».

Selon Gloria Swanson, quand un homme pense que quelques années font une différence, « il ne vaut pas la peine qu'on se marie avec lui ». Elle conseille à une femme plus âgée qui envisage d'épouser un homme plus jeune de lui dire son âge. « Apprenez-lui les faits. Si ça l'embête, laisse-le poursuivre son petit bonhomme de chemin et courir après de jeunes créatures qui s'accrochent sans avoir l'attrait d'une femme plus âgée. »

Pour terminer, Gloria Swanson indique quelle est sa norme : « Les Européens ont la bonne approche sur cette question. Là-bas, une femme n'intéresse pas vraiment un homme avant d'atteindre la quarantaine. L'homme européen recherche plus qu'une jeune silhouette et qu'un visage de délicieuse bonbonnière. Il veut de l'imagination, de bonnes idées, il veut l'essentielle finesse d'esprit et d'âme que la maturité apporte à une femme.

« Mais ici, c'est différent et ça cause beaucoup d'ennuis aux femmes. »

On apprend donc de cette ancienne star d'Hollywood que si la nécessité économique l'exige, bien sûr, nous mentons sur des choses comme notre âge et notre apparence. Mais de tout autre point de vue, le camouflage est sans intérêt et même néfaste. Après tout, ce qui compte réellement, c'est le caractère. Puisque la norme américaine actuelle cloche sérieusement, nous devons en chercher une meilleure. Gloria Swanson la trouve en Europe, alors qu'un marxiste se tourne vers la classe ouvrière. Mais les deux peuvent s'entendre sur le fait qu'il existe beaucoup de femmes aujourd'hui et au moins quelques hommes qui sont parvenus à la conclusion que ça ne va pas.

L'article de Gloria Swanson gagnerait à être perfectionné et modifié d'un point de vue marxiste. Elle omet par exemple la lutte des classes et son influence, elle sous-estime la maturité de certaines jeunes, elle néglige leur besoin de camouflage et ne voit pas les problèmes spécifiques auxquels elles font face. Mais son article indique qu'elle-même pense qu'on pourrait faire quelque chose quant aux mauvaises normes « d'ici ».

Est-ce vraiment tellement audacieux d'exprimer l'opinion qu'il y a d'autres femmes américaines, surtout dans la classe ouvrière, qui seront d'accord avec elle sur ce point et qui commenceront à faire quelque chose pour briser les normes de beauté capitalistes ? Pourquoi les marxistes ne devraient-ils pas se placer à l'avant-garde d'un tel développement et lui offrir une direction et la clarification théorique, particulièrement sur le secret du fétiche des cosmétiques qui trompe aussi bien les hommes que les femmes ?

3

UN ÉCHANGE
SUR L'ORIGINE DE
L'OPPRESSION DES FEMMES

MARJORIE MCGOWAN

Lettre au Comité politique du SWP sur les articles d'Evelyn Reed

À l'attention du Comité politique
Chers camarades,

Vous trouverez ci-joint un texte que je voudrais soumettre à votre attention, en souhaitant qu'il soit publié dans un bulletin de discussion.

Le texte nécessite une préface, que je soumets également sous la forme de cette lettre. Le ton acerbe et factionnel de ce texte vous étonnera et vous prendra peut-être au dépourvu. Ce n'est pas accidentel et ça ne commence pas ici. La camarade Reed et moi avons entretenu une correspondance depuis plus d'un an, au cours de laquelle j'ai attiré son attention sur le fait que ses interprétations étaient fausses et que, si elle maintenait sa thèse, je considérerais de mon devoir de révéler en quoi ses théories sont erronées. Elle a choisi de poursuivre sur la même voie et elle a même eu l'audace de faire paraître ses théories dans la revue plutôt que dans un bulletin de discussion.

Les lettres et articles reproduits ici sont parus pour la première fois en octobre 1954 dans un *Bulletin de discussion* du Parti socialiste des travailleurs.

Certains pourraient penser que la question que nous débattons n'est qu'une question académique qui ne justifie pas un débat aussi vif et mordant. Mais c'est rarement le cas lorsqu'on traite des forces fondamentales de la vie.

Une interprétation juste des formes sociales primitives et des forces qui les ont fait naître est directement liée à leur évolution ultérieure. Une telle interprétation nous intéresse surtout du point de vue de leur relation avec le rôle de la famille aujourd'hui et à l'avenir. Nous ne pouvons pas espérer interpréter correctement les forces qui sous-tendent la famille aujourd'hui, ni celles qui ont déterminé les relations modernes entre les sexes, sans connaître et interpréter scientifiquement leurs fondements historiques. Car la famille d'aujourd'hui n'est qu'une continuation historique avec ses racines enfouies profondément dans notre passé primitif. C'est vers le passé que les femmes doivent se tourner pour trouver la clé de leur destin avant de pouvoir se tourner en toute connaissance et certitude vers l'avenir.

Le ton vif employé dans ce texte ne résulte pas d'une antipathie personnelle. Il découle irrépressiblement de ma ferme conviction que les interprétations de la société primitive et des relations sociales primitives qui prévalent aujourd'hui dans le parti, et ce depuis à peu près 75 ans, ne sont pas accidentellement fausses ou innocemment erronées. Je sens qu'elles font partie intégrale et sont l'extension historique du courant général de factionnalisme sexuel qui infeste et a infesté le mouvement révolutionnaire. Ce fond de conflit et de lutte qui surgit à la moindre provocation n'est à son tour qu'une extension de ce qu'on voit dans l'ensemble de la société capitaliste. On ne le surmontera que lorsque le monde socialiste engendrera de nouvelles générations d'hommes et de femmes avec une culture qui permettra à chaque sexe de développer au maximum ses propres capacités et potentialités.

Nous vivons dans un monde où les valeurs masculines semblent avoir submergé les valeurs féminines au point de les avoir pratiquement anéanties et où l'ego féminin meurtri doit accepter de s'effacer de manière ignominieuse ou chercher à se rattraper par une imitation pauvre et médiocre de la masculinité. Aucune d'entre nous ne peut fonctionner en tant que femme entière dans la société d'aujourd'hui. Nous nous vengeons des hommes en détruisant la personnalité masculine dans l'enfance et en n'arrivant pas à répondre aux qualités complémentaires du sexe opposé et à s'en réjouir. C'est ainsi que dans la société capitaliste, des demi-hommes et des demi-femmes se regardent en chiens de faïence par-dessus un gouffre au fond duquel on peut trouver les esprits meurtris et les personnalités détruites des enfants : la future génération.

La société socialiste libérera les sexes. Mais la liberté n'est que la reconnaissance de la nécessité. L'ego masculin réalisera qu'il doit se mettre à l'écart et faire de la place à celui de la femme, sinon la victoire se convertira en poussière et la lutte n'en aura pas valu l'effort. Mais il ne suffira pas de le désirer, ni d'adopter des lois, ni d'avoir une juste évaluation théorique de la situation pour que cela se produise. Comme toute autre chose, cela dépendra de jusqu'où l'homme ira pour contrôler et maîtriser son environnement. Surtout, cela ne se produira que lorsque le monde communal tournera enfin son attention vers les besoins des jeunes humains immatures et qu'il réalisera que dans l'enfant résident toutes les espérances, toutes les audaces, tous les rêves et tout l'avenir du monde communiste.

Dans l'esprit jeune, souple, enthousiaste et sensible des enfants de demain réside le succès assuré de notre avenir communiste. La formation de chaque personnalité en développement, avec toutes ses immenses potentialités et son essentielle dignité humaine, en modèles d'épanouissement personnel et de bonheur, sera la tâche la plus exaltante de notre avenir communiste et, en accomplissant cette tâche, les femmes découvriront leur propre valeur.

Je crois fermement que les femmes peuvent envisager l'avenir avec la certitude qu'elles en arriveront à une position de dignité et de valeur humaines. Mais les femmes n'atteindront jamais cette position et je crois que, dans leur vaste majorité, elles ne chercheront pas à l'atteindre par la voie que suit aujourd'hui le parti : celle de la compétition et du conflit constants avec les hommes. Penser que cette compétition et ce conflit se poursuivront dans le monde communiste, c'est admettre l'échec des objectifs historiques de l'humanité : le bonheur et l'épanouissement de l'individu. Cela signifie que tout ce qu'il y a d'odieux entre les sexes dans la société décadente d'aujourd'hui se transposera dans la nouvelle société.

En ce qui me concerne, je ne vois pas une telle perspective pour la société communiste. Ce sera plutôt un monde dans lequel ni les valeurs masculines ni les valeurs féminines ne monopoliseront l'attention de la nouvelle culture, mais où elles seront comme deux moitiés opposées qui ensemble formeront un tout. Et de ces hommes et de ces femmes accomplis de demain naîtra l'enfant accompli, qui aura la certitude de ne plus vivre dans un monde hostile, mais au contraire dans un monde qui le considère comme son atout le plus précieux et dans un milieu qui l'aime et le considère comme un individu qui atteindra la maturité avec ses millions de frères et sœurs. Ainsi, les générations se suivront dans lesquelles l'épanouissement de la femme et de l'homme individuels deviendra le but primordial et la force motrice de la vie.

De cette brève esquisse de mes positions, il sera clair que je diffère absolument d'opinion à propos des évaluations en vigueur dans notre mouvement sur la question des femmes. Les divergences ne sont pas seulement profondes mais anciennes. Il est difficile, sinon impossible, de conserver un ton objectif, désintéressé et universitaire sur un sujet qui a un impact direct, même si ce n'est pas apparent, sur notre vie aujourd'hui en tant que femmes et sur lequel il existe de telles divergences.

Cette brève explication accompagne mon texte et devrait être publiée comme une préface.

Salutations communistes,

Marjorie McGowan

LE 9 SEPTEMBRE 1954

Réponse du Comité politique du SWP à Marjorie McGowan

Chère camarade McGowan,

Lors de sa dernière réunion, le Comité politique a considéré ta lettre et ta demande que la direction de la revue se dissocie de la position adoptée par Evelyn Reed dans ses articles.

Le Comité politique a conclu qu'il n'a pas à adopter une position pour ou contre les articles de la camarade Reed. Nous pensions que, sur de tels sujets, nous pouvons nous permettre une très grande latitude tant que l'auteur défend un point de vue matérialiste, qu'il préconise et essaie d'appliquer la méthode dialectique et qu'il cherche à fournir une documentation de caractère éducatif (faits, présentation de théories diverses essayant de les expliquer, etc.).

Dans ce cadre, on peut avoir différentes opinions sur à quel point l'auteur a réussi à atteindre ces objectifs. De ce point de vue, la rédaction a eu totalement raison de publier les articles d'Evelyn Reed.

Salutations communistes,

Farrell Dobbs
Secrétaire national
LE 13 OCTOBRE 1954

MARJORIE MCGOWAN

Evelyn Reed nous rend ridicules aux yeux d'individus éclairés dans le monde bourgeois

CETTE CRITIQUE TRAITE de différents aspects des articles d'Evelyn Reed publiés dans les numéros de la revue *Fourth International* du printemps et de l'été [1954]. Dès le départ, je tiens à déclarer que je crois qu'il est impératif que les rédacteurs de la revue se dissocient de tout soupçon possible de sanction officielle de ces théories et qu'ils disent clairement que ces articles ne représentent que les opinions d'Evelyn Reed, et *d'elle seule,* et ne représentent aucunement une position officielle.

Il n'y a probablement pas un seul camarade sur cent dans le parti qui pourrait porter un jugement critique sur les articles d'Evelyn Reed après avoir étudié de manière exhaustive toutes les plus récentes sources originales. Pourtant, en dépit de cette lacune évidente quand il s'agit d'adopter une position officielle ou d'en arriver à une opinion personnelle, quelques individus se sont véritablement extasiés devant les articles d'Evelyn Reed, au point qu'on pourrait voir surgir un mouvement concerté pour utiliser des fonds du parti afin de les publier sous forme de brochure.

Les camarades du Comité politique et de tout le parti devraient savoir que ces articles sont d'un très faible niveau universitaire et que n'importe quel bon anthropologue bourgeois pourrait assez facilement les réfuter. Nous nous rendons ridicules aux yeux d'individus éclairés dans le monde universitaire bourgeois en donnant le moindre soutien officiel à cette tentative scolastiquement irresponsable de définir les relations sociales primitives et les forces qui leur ont donné naissance. La courte critique qui suit rendra cela clair et il faut souhaiter qu'on prenne les mesures nécessaires pour empêcher toute tentative d'approuver officiellement ces théories.

Le gros de cette critique ne traite pas du premier article de la camarade Reed, intitulé « Le mythe de l'infériorité des femmes », paru dans le numéro du printemps de la revue.[*] Une bonne partie de ce premier article s'emploie à énumérer des faits sur le rôle des femmes primitives par rapport à l'évolution de la production primitive.

Il n'y a rien de nouveau dans tous ces faits. Des anthropologues capables les ont décrits à maintes reprises et Evelyn Reed a cité de façon assez correcte la plupart des autorités compétentes en la matière. Ce qui *est* nouveau dans cette liste de faits, c'est le contexte historique dans lequel Evelyn Reed les situe. Ses tentatives de définir les relations sociales qui découlent du rôle de la femme primitive en tant que productrice, du rôle de l'homme primitif et de la relation dynamique entre les deux doivent passer le test de la méthodologie scientifique. Or sur ce terrain, elle échoue misérablement.

Il faudrait écrire tout un livre pour faire ressortir la fausseté des grossières généralisations qui l'amènent à arracher la femme primitive, la productrice, de son contexte historique et à ériger un enchevêtrement de théories sur la relation générale entre les sexes de la société primitive

---

[*] LES RÉFÉRENCES COMMENCENT À LA PAGE 223.

jusqu'à aujourd'hui. Là non plus il n'y a rien de nouveau. Elle a simplement repris le vieil empirisme et la superficialité féministe ainsi que le bagage théorique préconçu de « l'asservissement des femmes par le mâle lubrique », qui n'a jamais réglé l'énigme de la « question de la femme » parce que celle-ci demeure jusqu'à aujourd'hui rien de plus que cela — une « question » — et elle a ajouté à ces vieilles sornettes quelques théories de sa propre invention.

Voilà une accusation que l'auteure de cette critique peut faire sans le moindre scrupule. Laissons les camarades juger de la valeur de ses généralisations féministes sur la relation *générale* entre les sexes à travers toute l'histoire, qui se trouvent dans son premier article. Pendant ce temps, nous pouvons nous pencher sur la méthode employée par Evelyn Reed dans son deuxième article, intitulé « Sexe et travail dans la société primitive », et sur le contenu de cet article, où elle aborde la relation *spécifique* entre les sexes dans la société primitive.

Les camarades versés dans la dialectique devraient réagir avec un réflexe conditionné de soupçon et de méfiance lorsqu'ils font face à une tentative quelconque de réduire des forces et des relations sociales hautement complexes à une poignée de critères, tous proprement et formellement catalogués dans des listes commodes bien énumérées. On trouve un exemple de la méthode qu'emploie Evelyn Reed au début de son deuxième article, « Sexe et travail dans la société primitive », dans le numéro d'été de *Fourth International*. Même pour beaucoup de camarades qui connaissent peu cette question, la tentative de réduire les différences entre les cultures matriarcale et patriarcale à une classification formelle devrait à juste titre soulever des doutes dans leur esprit sur le fait que ce n'est pas la méthode à laquelle recourt un spécialiste des sciences sociales, peu importe le sujet qu'il étudie. Puisqu'il faut que nous gardions en tête les classifications formelles qu'Evelyn Reed utilise, je les cite ici pour pouvoir m'y référer facilement durant cette courte critique :

Quelles sont les principales caractéristiques de la société patriarcale ? Les hommes y jouent le rôle dominant dans le processus du travail. On y retrouve la propriété privée et la différentiation de classe. Les partenaires sexuels vivent ensemble sous un même toit comme mari et femme et sont mariés par la loi. Les pères sont à la tête de la famille. La famille est composée du père, de la mère (ou des mères) et de leurs enfants et c'est l'unité de base de la société à travers laquelle on hérite et transmet la propriété. Ces caractéristiques du patriarcat sont toutes des caractéristiques de la *société de classe.*

Par ailleurs, dans le matriarcat, ce ne sont pas les hommes, mais bien les femmes qui prévalaient dans le processus du travail. Il n'y avait pas de propriété privée de la richesse communautaire. Les partenaires sexuels ne vivaient pas sous un même toit ; en fait, ils ne vivaient même pas dans le même camp ou la même enceinte. Le mariage n'existait pas. Les pères n'étaient pas à la tête de la famille parce qu'on ne savait pas qui étaient les pères. Le groupe social de base était constitué exclusivement de mères et d'enfants et, pour cette raison, on l'a judicieusement appelé « famille utérine ». Finalement, l'unité de base de la société n'était pas cette famille utérine des mères et de leurs enfants, mais tout le groupe, clan ou tribu. Ces caractéristiques du matriarcat sont toutes propres à la *société primitive*, parfois décrite comme « communisme primitif ». On reconnaît généralement que le matriarcat a précédé la société de classe dans le développement historique de l'humanité.

L'étudiant innocent et non initié, armé de ce schéma, qui entreprend d'explorer les formes sociales primitives s'enlisera très rapidement, sans comprendre pourquoi, dans un bourbier de contradictions et de confusion. Prenons deux exemples opposés et peut-être extrêmes, sur les centaines que l'on pourrait choisir : le cas de l'ancienne Égypte contre celui de la culture des aborigènes australiens et essayons de les faire entrer dans le moule d'Evelyn Reed.

L'ancienne Égypte était matriarcale. Robert Briffault cite les autorités suivantes : « La constitution de la société et de la famille égyptiennes se caractérisait », dit le Dr H. R. Hall, par « une nette préservation du matriarcat, la place éminente des femmes et une promiscuité relative dans les relations sexuelles ».

Le professeur Mitteis soutient que « l'un des traits distinctifs les plus importants de l'organisation sociale, c'était la place des femmes ; depuis des temps immémoriaux, l'Égypte était une terre où dominait le droit matriarcal ».

La descendance matrilinéaire (c'est-à-dire qui ne tient compte que de l'ascendance maternelle) était la règle. Robert Briffault dit : « La descendance ne tenait compte que de la mère et non du père. »

La résidence matrilocale dominait. Briffault ajoute :

Le mariage était matrilocal. Là où il y avait deux épouses, chacune habitait sa propre maison, le mari les visitait à tour de rôle. Assez fréquemment, surtout dans le district de Thèbes, il n'y avait pas de cohabitation ; le mari et la femme restaient dans leur maison respective. [...] Toute la propriété terrienne et immobilière était entre les mains des femmes ; si un homme construisait ou faisait l'acquisition d'une maison, celle-ci était immédiatement remise à sa femme. [...] Mariées ou célibataires, les femmes administraient elles-mêmes leurs propriétés ; le mari n'était pas consulté et ignorait en général les affaires de sa femme. [...] Le mariage semble n'avoir été associé à aucune cérémonie religieuse. C'était essentiellement une transaction économique.

L'Égypte matriarcale, qui a produit une civilisation d'une grandeur éblouissante, ne peut d'aucune façon être appelée une « société primitive ». Propriété privée et différenciation de classe existaient dans leur forme la plus brutale : l'esclavage. La famille se composait des mères, pères et enfants et était l'unité de base de la société, mais la propriété s'héritait et se transmettait par la lignée des femmes. Les pères n'étaient pas à la tête de la famille dans ce matriarcat, mais on savait qui étaient les pères, en tant que pères. Il importait peu qu'ils soient connus ou non puisqu'il n'y avait pas d'enfants illégitimes dans l'Égypte ancienne. Robert Briffault raconte comment les Grecs se moquaient des maris égyptiens soumis.

Il est évident que l'Égypte ancienne n'entre pas dans la classification formelle d'Evelyn Reed, peu importe jusqu'à quel point nous l'étudions et tentons de l'enfermer dans une catégorie. Et on ne peut pas écarter l'Égypte ancienne comme une simple petite exception à la règle puisque nous devons chercher dans cette vénérable et brillante civilisation beaucoup des clés du dynamisme du développement méditerranéen.

Lorsque nous nous tournons vers la culture des aborigènes australiens, nous voyons apparaître une masse encore plus incroyable de contradictions. Nous devons qualifier l'ordre social australien de « patriarcal », mais seulement à défaut d'une meilleure expression. Il existe un rapport de force patriarcal entre les sexes en Australie. Mais comme ce terme a été associé à un niveau de culture plus élevé par ceux qui cherchent à tout faire entrer dans une classification formelle, il peut créer de la confusion.

Parmi les Australiens, il existe des preuves abondantes d'un ancien ordre matriarcal. Robert Briffault dit :

> La société aborigène australienne est, en fait, d'un caractère plus patriarcal que plusieurs sociétés qui sont à une étape de développement culturel et social bien supérieure et c'est uniquement à cause de son bas niveau culturel et de son isolement que le système social patriarcal et la famille patriarcale n'ont pas complètement supplanté parmi eux l'organisation primitive des clans maternels.

La descendance peut être matrilinéaire ou patrilinéaire, mais la très grande majorité des clans la font passer par la mère et le système de clan totémique maternel est remarquable par sa complexité.

Robert Lowie dit : « Chez les Australiens, quelques tribus sont matrilinéaires, d'autres sont patrilinéaires, mais la situation des femmes n'est pas le moindrement meilleure ou plus digne dans celles qui sont matrilinéaires. »

En général, le mariage est patrilocal. Lowie ajoute : « Les Australiens sont patrilocaux, au moins souvent en ce sens qu'une femme déménage dans la bande de son mari. » Robert Briffault dit : « Parmi les tribus australiennes [...], la règle générale, autant que l'indiquent les observations récentes, veut que le mari amène sa femme dans sa tribu et nous n'avons vu nulle part ailleurs les femmes dans une condition plus dégradante ou opprimante. » Parlant de la condition des femmes, Briffault dit :

Parmi les aborigènes australiens, les femmes vivent dans des conditions tout-à-fait dégradantes. « Nulle part ailleurs », remarque quelqu'un qui a résidé longtemps parmi eux, « peut-on rencontrer des spécimens d'humanité plus dégradés et misérables que les femmes de l'Australie. Les femmes y sont traitées par les hommes avec une brutalité féroce.

« La vie d'une femme ne vaut rien si son mari choisit de la détruire et si personne n'essaie de la protéger ou de prendre sa part. En période de pénurie alimentaire, elle est la dernière à être nourrie et n'est prise en considération d'aucune manière. [...] Les coups de bâton à la tête constituent le mode de correction le plus répandu et les coups de lance à travers le corps sont une punition pour une petite offense. [...]

« À l'examen, dit Byre, on trouvera peu de femmes sans cicatrice à la tête ou sans marque de blessure par lance sur le corps. »

Et Briffault ajoute :

> En fait, le crâne des femmes australiennes montre souvent de grandes cicatrices résultant de vieilles fractures. Vieille ou jeune, toute femme trouvée sans protection est presque toujours violée et, dans la plupart des cas, tuée après coup. Les indigènes du Queensland punissent leurs femmes en frottant des charbons ardents sur leurs ventres. Des missionnaires ont difficilement dissuadé un indigène du centre de l'Australie, en colère contre sa femme, de la faire rôtir vivante à feu lent.

Clairement dans cette culture, les pères sont les chefs de famille. Est-ce la conséquence de savoir qui sont les pères ? Briffault dit :

> Sir Baldwin Spencer et M. Gillen, qui ont étudié très soigneusement les tribus du centre de l'Australie, ont constaté dans leur étude classique que ces tribus ne reconnaissent aucun lien entre le rapport sexuel et la reproduction. Lorsqu'ils ont suggéré qu'une telle relation puisse exister, ces indigènes ont accueilli cela avec dérision. [...] La justesse de cette observation semble maintenant pleinement établie.

Il faut noter ici que, dans la majorité des tribus primitives, la paternité n'est pas une relation physiologique, mais sociologique. Lowie écrit :

> La paternité biologique est une chose, la paternité sociologique en est une autre. Les Toda (un groupe

australien), qui sont polyandres, ne se soucient pas de la première, mais ils établissent la dernière par un rite purement conventionnel.

Et Briffault d'ajouter :

> La notion de paternité n'était généralement pas reconnue comme une relation physiologique dans les époques anciennes et modernes, pas plus qu'elle ne l'est par la majorité des peuples primitifs, qui la voient plutôt comme un droit social et juridique : le père est « responsable » de l'enfant d'une femme au sens juridique et économique.

Clairement, l'empire des hommes dans la culture australienne n'est pas le produit de leur connaissance de la paternité en tant que « paternité ». Est-ce alors le résultat d'une révolution dans l'économie primitive ? Bien au contraire, les Australiens ont un très bas niveau de culture primitive et il n'existe pas de propriété privée de la richesse communale. Briffault cite M. Taplin :

> Dans le clan (des Australiens), il ne peut y avoir de propriété personnelle, […] tous les outils, armes, etc., appartiennent collectivement à la tribu ; chaque individu considère qu'ils appartiennent à son clan, qui peut les utiliser pour sa défense et son bien-être selon les besoins du moment.

Et plus loin, il ajoute : « Un individu n'a aucun droit personnel aux aliments provenant de gibier, de poisson ou de végétaux qu'il peut obtenir. »

Briffault attribut le caractère patriarcal de ces tribus primitives aux circonstances exceptionnelles dans lesquelles elles se sont développées, c'est-à-dire à leur isolement sur le continent australien. Ceci, faut-il ajouter, ne fait que soulever une nouvelle question. Beaucoup de tribus primitives vivent isolées et dans des conditions extrêmement arriérées et difficiles tout en conservant un caractère matriarcal. En outre, l'Australie n'est pas la seule culture parmi les primitifs où les femmes ont une position extrêmement inférieure. Des conditions semblables règnent également en Mélanésie, aux Fidji et dans certaines régions d'Afrique. Briffault poursuit en disant :

> « Dans certaines régions d'Afrique, les choses sont aussi mauvaises. Les Bangala du Congo mangent régulièrement leurs femmes. Aussi récemment qu'en 1887, un chef bangala a calmement informé un missionnaire qu'il avait mangé sept de ses femmes et invité leurs familles au festin pour qu'il n'y ait pas de frictions familiales. »

L'isolement ou l'absence d'isolement fournit le cadre externe dans lequel s'est produit le développement. Il ne définit d'aucune façon pour nous les forces humaines qui ont donné naissance aux relations patriarcales de l'Australie primitive ni ne définit les forces humaines qui expliquent la coexistence dans l'Égypte ancienne de la forme matriarcale et d'une société de classe avec un haut niveau de civilisation.

La méthode d'Evelyn Reed, étrangère à l'idéologie marxiste et, pour cette raison, répugnante, met son auteure en difficulté dès le départ. Le développement de sa théorie ultérieure est un véritable chef-d'oeuvre de tours de passe-passe conçus pour faire entrer les faits, vaille que vaille, dans le moule préfabriqué de la théorie. Elle y arrive finalement par la simple technique qui consiste à rejeter ou ignorer des faits qui contredisent la théorie et à ne mentionner que ceux qui semblent l'appuyer. Personne ne pourrait lire ne serait-ce qu'une petite partie de l'énorme accumulation de nouveaux faits reliés à la discussion sur les relations sociales primitives et leur développement sans tirer la conclusion qu'il y a dans les articles d'Evelyn Reed une distorsion délibérée des faits et une omission délibérée de ces mêmes faits, qui l'amènent à présenter une image totalement déformée de la société primitive.

Le lecteur verra clairement que la camarade Reed et l'auteure du présent texte se réfèrent toutes les deux abondamment à l'oeuvre monumentale de Robert Briffault, *The Mothers*. Dans ses articles, Evelyn Reed a adopté les conclusions de Briffault sur la théorie matriarcale des origines sociales et les a adaptées à quelques-unes de ses propres conclusions sur un « collectif de travail » et la relation sexuelle primitive. Sa malhonnêteté réside dans le fait que les contradictions et les discordances qui peuvent surgir dans les conclusions de Briffault sur le caractère matriarcal de nos origines sociales découlent du fait qu'en tant que spécialiste et savant honnête, *il a présenté tous les faits tels qu'il les a trouvés*. Il n'a pas souhaité les faire disparaître ni les passer sous silence selon son bon vouloir. Les contradictions entre son énorme accumulation de faits et sa théorie sont là pour que tous ceux qui ont des yeux puissent les voir. De son côté, Evelyn Reed en vient à utiliser ce qui est connu en psychologie comme la réalisation de ses désirs. Les faits sont-ils contradictoires ?

Supprimons-les ! Réalisons notre désir en dépit des faits ! Ce ne pouvait être que dans les intérêts du factionnalisme sexuel qu'Evelyn Reed a présenté à un public non informé, ses camarades du SWP, une interprétation aussi totalement biaisée et malhonnête des faits.

Elle dit dans son article : « Dans ce système totémique (ou de parenté), l'humanité se divisait en deux catégories : les parents et les étrangers. Tous les membres d'un groupe totémique étaient parents ; tous les autres étaient des étrangers. » (Encore une fois, des divisions et catégories formelles !) Elle explique par la suite en grands détails que les frères et soeurs du « collectif de travail » devaient trouver leurs partenaires sexuels parmi les étrangers. Mais comme les étrangers étaient identifiés comme des ennemis, nous découvrons que « les étrangers qui étaient les partenaires sexuels des femmes étaient à la fois les ennemis des frères de ces femmes. Autrement dit, les frères du groupe A combattaient les partenaires sexuels de leurs soeurs du groupe B ». Et elle continue en citant longuement Briffault lorsqu'il dit que, puisque les membres d'un groupe extérieur sont les « ennemis » et qu'un état de guerre règne entre les clans, « il est presque impossible pour un homme de visiter un autre clan ou d'y avoir une relation sexuelle sans courir un risque très élevé d'être tué ».

Evelyn Reed utilise cette citation hors contexte pour présenter un tableau effroyable de l'anarchie sexuelle régnant à l'extérieur du clan, où les accouplements ne se font qu'en secret, dans une « terre inhospitalière » à l'extérieur des limites du secteur habité par le clan, et où les relations entre les partenaires sexuels se bornent à l'union sexuelle, puisque socialement ces derniers étaient des étrangers l'un pour l'autre. Les « maris et épouses » ne vivaient pas sous le même toit ni dans la même enceinte ; ils ne s'aidaient pas l'un l'autre et il existait un profond gouffre social entre eux. Aussi incroyable que cela puisse sembler, tout ce portrait est une création de l'imagination fertile d'Evelyn Reed. Robert Briffault, l'autorité qu'elle-même cite, ne nous suggère en rien une telle anarchie des relations sexuelles dans les clans où règne la règle de l'exogamie [*]. (En passant, l'exogamie, n'est pas universelle. Il existe des tribus endogames d'un niveau culturel peu élevé où le mariage et les relations sexuelles ont lieu à l'intérieur du clan.) Evelyn Reed a choisi d'ignorer la description que donne Briffault de l'état réel des choses :

> Dans presque tous les exemples de ces sociétés qui ont survécu [c'est-à-dire exogames], il y a un arrangement selon lequel les membres d'un groupe donné obtiennent leurs partenaires sexuels d'un ou de plusieurs autres groupes spécifiques, dont les membres se sont mariés entre eux depuis des générations. Se marier dans un groupe totalement étranger avec lequel le groupe du prétendant n'a pas établi de coutume d'intermariage ni d'entente à ce sujet est une procédure inhabituelle et difficile.
>   Les conférences, négociations, discussions diplomatiques compliquées, les échanges conciliatoires de présents entre les tribus, qu'on a observés en Australie, en Mélanésie et en Polynésie,

---

[*] L'exogamie, ou la règle du « mariage à l'extérieur », signifie que les hommes appartiennent à un groupe de parenté doivent obtenir leurs partenaires en dehors de ce groupe. L'endogamie est la relation réciproque entre deux groupes de parenté exogames pour l'échange de partenaires.

n'ont pas lieu, bien sûr, à chaque mariage. Mais ils sont nécessaires pour le mariage de membres de deux tribus qui n'ont pas établi entre elles une pratique régulière d'intermariage. Un homme ne peut pas se marier dans un groupe étranger sans qu'un accord ne soit conclu entre les deux groupes, permettant l'intermariage entre leurs membres.

Ces négociations et cette entente ne concernent les individus que de façon secondaire et accessoire. Ce qu'on examine et discute, ce n'est pas la relation entre ces individus, mais la relation entre les deux groupes. Si le contrat est conclu, ce n'est pas un contrat individuel, mais un contrat de groupe et il permettra d'autres mariages entre les membres des deux groupes sans avoir à effectuer de nouvelles négociations. Les considérations touchant les relations entre les groupes, et non celles entre des individus donnés, sont primordiales et sont l'objet de la transaction ; le caractère diplomatique et juridique formel des procédures fait référence aux premières et non aux dernières.

Le mariage dans les sociétés les plus avancées a conservé cette caractéristique : c'est une transaction juridique formelle. Mais à l'origine, cette caractéristique juridique ne faisait pas référence aux relations établies entre l'homme et la femme, mais aux relations entre les groupes auxquels ils appartenaient respectivement. Dans les idées des périodes plus avancées de la société, le but direct du contrat est de légaliser la relation entre l'homme et la femme, de lui donner une sanction juridique et de la distinguer ainsi des relations sexuelles « illégitimes ».

Mais ce n'était pas le caractère et le but de la transaction juridique originale. Son prototype, c'est l'entente qui permet le mariage entre des membres des groupe distincts. Dans les sociétés humaines les plus rudimentaires et primitives, un tel contrat est absolument nécessaire pour faire observer les règles contre l'inceste. Et il doit bien avoir été la première « institution » ou régulation juridique du mariage.

Le but original de l'institution du mariage n'était donc pas la réglementation des relations sexuelles ni la sauvegarde des droits de propriété individuelle. Il ne faisait pas référence à des individus, mais à des groupes collectifs. Ce n'était pas un contrat de mariage individuel, mais un contrat entre des groupes à propos du mariage.

Ces deux groupes permettant les mariages entre eux n'étaient donc pas normalement des ennemis ni en état de guerre perpétuelle entre eux ainsi qu'Evelyn Reed aimerait nous le faire croire. Au contraire, le contrat sur le mariage qui prévalait entre deux (ou plus de deux) groupes constituait la base de liens sociaux et juridiques plus solides. Robert Lowie souligne ce qui suit :

Un aspect frappant des moitiés (organisation dualiste de clans exogames) est le développement de services réciproques. À un enterrement iroquois, on choisit les fonctionnaires, non pas parmi les membres de la moitié de la personne décédée, mais bien parmi ceux de la moitié opposée. On retrouve la même pratique chez les Cahuilla, isolés dans le sud de la Californie. Sur la côte au nord de la Colombie-Britannique, les seuls festivals qu'on organise sont en l'honneur de la moitié complémentaire. [...] Nous avons déjà mentionné d'autres fonctions des moitiés. Celles des Iroquois sont caractéristiques des Indiens de l'Est [du continent]. Dans des jeux comme la crosse, les membres de moitiés opposées se mesurent les uns aux autres. Dans les festins et cérémonies, il y a un regroupement spatial correspondant : chaque moitié fait face à l'autre et chacune est représentée par un orateur.

Le principe de la séparation sexuelle avancé par la camarade Evelyn Reed comme une loi immuable d'unification sociale se transforme en fait en son opposé lorsque nous traitons du corps social plus large. *L'unification sexuelle* est la seule base possible *d'unification sociale* de deux unités de la société primitive qui seraient autrement opposées et en guerre. Loin d'être le principal élément perturbateur et désorganisateur de tous les rapports humains primitifs, la relation sexuelle est le ciment et le lien qui maintiennent uni le groupe social plus large. Toutes les généralisations au sujet de la société primitive sont dangereuses si elles ne tiennent pas compte de tous les faits, ce qui arrive rarement. Mais la généralisation la plus sûre, c'est peut-être que *la séparation sexuelle, ou règle de l'exogamie, ne se réalise dans un groupe que par l'unification sexuelle avec un ou plusieurs groupes.* Dans les conditions de la société primitive, étant donné le caractère hétérogène et antagoniste des divers groupes et les kilomètres d'une contrée sauvage hostile qui peut les séparer, aucun groupe ne pourrait survivre longtemps si les rapports sexuels en son sein y étaient bannis et si seule l'anarchie sexuelle prévalait à l'extérieur.

Le matriarcat, loin de prendre la forme d'un clan autarcique et replié sur lui-même, tel qu'inventé par Evelyn Reed, est une *organisation dualiste*. Dans ses manifestations les plus simples, elle se compose de deux parties et il est impossible d'examiner ou de comprendre l'une si ce n'est dans sa relation avec sa partie opposée : le groupe (ou les groupes) avec lequel elle est « mariée » et [le groupe] qui satisfait les besoins de la reproduction. Dans le rapport de forces entre ces deux parties d'un tout organique, on trouve tous les ingrédients de base sur lesquels la civilisation s'est construite par la suite.

Inutile de dire que ces relations dynamiques ne correspondent pas partout sur le globe et à toutes les époques de la culture à la forme formaliste et rigide du matriarcat « classique » d'Evelyn Reed, composé de mères, de soeurs et des frères et excluant les maris de toute participation à la vie économique et sociale du clan dans lequel ils se sont mariés. Au contraire, les relations entre les deux groupes d'intermariage sont de la plus grande variété et fluidité. Des dizaines d'anthropologues ont établi des tas de faits qui indiquent qu'aucun schéma formel n'existe comme celui d'Evelyn Reed. Ils ont essayé de trouver des tendances et des lois qui auraient régi la direction du développement dans cette grande *diversité* de relations et d'organisations sociales primitives. Nous pouvons seulement dire qu'Evelyn Reed a agi de manière irresponsable en ignorant la grande abondance de faits nouveaux, qu'on trouve dans ses propres sources, et qui démontrent qu'*aucune de ses valeurs ou généralisations absolues n'a la moindre application universelle*.

En lisant les articles d'Evelyn Reed, on pourrait croire, par exemple, que le mariage primitif n'existe pas. En fait, c'est ce qu'elle dit dans ses critères sur ce qui constitue un matriarcat. « Le mariage, dit-elle, n'existait pas. » C'est absolument incroyable ! Sa principale autorité en la matière, Robert Briffault, n'a pas moins de deux pleines colonnes dans l'index de son ouvrage *The Mothers*, vol. 3, pas moins de 70 références au mariage primitif dans l'index, ce qui comprend quelques-unes des références suivantes :

Mariage, essais de définition [...] souvent difficile
à distinguer de relations irrégulières [...] n'est pas
vu comme émanant d'un penchant personnel [...]
par amour, condamné comme immoral [...] n'est
pas vu comme une préoccupation personnelle
[...] est vu comme une institution sociale [...]
traditions de cette institution [...] ne se distingue
pas d'autres rapports sexuels [...] se distingue de
[...] ses règles, qui visent surtout à prévenir l'inceste
[...] aspects économiques, sexuels et sentimentaux
[...] ses bases économiques [...] arrangés dans
l'enfance [...] par les parents et d'autres personnes
[...] consentement requis de toute la tribu ou tout
le village [...] consenti par les parties concernées
[...] convenu et célébré par tous les membres
des familles respectives [...] entente entre deux
groupes [...] mariage de groupe, entre classes
d'intermariage ou familles sororales et fraternelles
[...] de cousins croisés [...] conception juridique du
[...] pas considéré comme conclu avant la naissance
d'un enfant [...] établi par la naissance d'enfants
[...] n'est pas rompu par la mort de l'épouse [...]

son caractère peu structuré et instable [...] ne dure
qu'aussi longtemps que le mari peut fournir des
réserves suffisantes de nourriture [...] temporaire
et à l'essai [...] pour service [...] associé à des tests
d'endurance [...] par achat, un échange de mariage
par le biais d'un service [...].

Ce ne sont que quelques-unes des références que l'on trouve dans l'index de Briffault. Elles renvoient à des discussions, des interprétations et des informations factuelles sur le mariage primitif d'une longueur allant d'une à une centaine de pages par référence. Et Evelyn Reed ose dire que « Le mariage n'existait pas » ! ! Dans quel but, camarade Reed ?

Ce serait faire preuve de générosité que de suggérer que le verdict pratiquement unanime des anthropologues qui ont témoigné de l'instabilité du mariage individuel a pu aveugler Evelyn Reed au point de lui faire croire qu'elle pouvait le faire disparaître. Elle, qui n'a aucune difficulté à accepter le principe de la « maternité sociale » et de la « fraternité sociale », fait toutefois preuve d'un étonnant aveuglement lorsqu'il s'agit des « relations maritales sociales ». S'il est indéniable que, dans la société primitive, la relation maritale et sexuelle *individuelle* est hautement instable, la relation maritale et sexuelle *sociale*, c'est-à-dire la relation entre deux tribus qui sont « mariées », est de la plus grande stabilité.

Il est ainsi très commun et, en fait, pratiquement universel de trouver que les hommes adultes présents dans le clan maternel sont précisément ces maris (qu'Evelyn Reed bannit en mettant le mot entre guillemets) qui exécutent toutes les tâches qui reviennent aux hommes adultes et que, selon elle, seuls les frères désexués peuvent exécuter ; autrement dit, les maris sont les pourvoyeurs de la nourriture animale et les protecteurs du clan de leur belle-famille. S'ils peuvent très fréquemment changer de partenaire sexuelle et de statut marital à l'intérieur du groupe, ceci n'affecte d'aucune façon leur rôle comme protecteurs et pourvoyeurs de nourriture animale pour l'ensemble du groupe. Peu importe à qui ils sont mariés à un certain moment, leurs loyautés et leurs devoirs s'appliquent à tout le groupe de la belle-famille au sein du clan avec lequel leur propre clan a une entente d'intermariage.

Les « époux et épouses », dit Evelyn Reed, ne s'aidaient pas mutuellement. « La relation entre les partenaires sexuels se limitait exclusivement à l'union sexuelle. » Un autre incroyable produit de l'imagination d'Evelyn Reed !

Robert Lowie dit :

> Un Kai (par exemple) ne se marie pas pour des désirs qu'il peut facilement satisfaire à l'extérieur du mariage sans assumer la moindre responsabilité. Il se marie parce qu'il a besoin d'une femme qui fabrique des pots et lui cuisine ses repas, qui manufacture des filets et désherbe ses semis, en échange de quoi il fournit au ménage les produits de la chasse et de la pêche et construit l'habitation.

C'est un axiome parmi les anthropologues que, pendant toute la société primitive, les hommes adultes ne se marient pas pour obtenir un plaisir sexuel, qu'ils peuvent facilement obtenir dans la plupart des groupes primitifs à l'extérieur du mariage. Les hommes se marient pour se procurer une associée économique, pour avoir une femme

qui va cuisiner, coudre et lui rendre la vie confortable, de
la même façon que la femme se marie pour se procurer un
pourvoyeur et un protecteur.

Robert Briffault dit :

> Le mariage individuel se fonde sur les relations
> économiques. Dans la grande majorité des
> sociétés incultes, on considère le mariage presque
> exclusivement à la lumière de considérations
> économiques.

Il ajoute :

> Pourquoi veulent-ils une femme ? La réponse que
> les Aborigènes australiens donnent à cette question
> vaut d'être répétée parce qu'on ne peut pas énoncer
> plus clairement et précisément les buts du mariage
> individuel primitif. Si on demande à un indigène
> pourquoi il tient tellement à avoir une femme, il
> répond invariablement : « Pour aller me chercher
> du bois et de l'eau et pour préparer ma "mudlinna"
> (nourriture). » Dans les îles Palaos, « on considère
> le mariage comme une question commerciale, on
> laisse l'amour aux jeunes ». La même chose est vraie
> de tous les peuples incultes. Parmi les indigènes du
> nord de la Papouasie, « on acquiert une femme en
> premier lieu comme ouvrière et seulement de façon
> secondaire comme épouse ».
> Chez les Esquimaux, « quand un homme choisit
> une femme, il n'a que faire des sentiments ». Il « se
> marie parce qu'il a besoin d'une femme pour l'aider
> à préparer ses peaux, faire ses vêtements et ainsi de

suite. [...] On concluait la relation de mariage pour des raisons d'intérêt ou de commodité, avec très peu de considération pour l'affection comme nous la comprenons ». Parmi les Indiens de l'Amérique du Nord, « on apprécie avant tout l'industrie et la capacité de travailler, ensuite la fertilité ». Parmi les Banyoro, « les mariages sont rarement, sinon jamais, le résultat de l'amour. On les conclut pour des raisons utilitaires et économiques ».

La femme primitive choisit un partenaire à partir de considérations de même nature pratique que celles qui peuvent influencer le choix d'une épouse par un homme. On dit ainsi que, chez les Dayaks de la côte, la femme « considère en général le mariage comme une façon d'obtenir un homme qui travaillera pour elle » et qu'« une femme se séparera souvent de son mari simplement parce qu'il est paresseux ».

Parmi les Esquimaux, une femme « semble désirer un mari qui est industrieux et bon chasseur ». « Elles s'accrochent à nous, a dit un Esquimau, parce que nous leur donnons nourriture et vêtements. » Lorsqu'un chasseur est malade, sa femme s'en trouve un autre.

Parmi les tribus d'Amérique du Nord, l'habileté à la chasse et les prouesses à la guerre sont certains des principaux attributs recherchés chez un éventuel mari. « L'affection naturelle, dit le révérend D. Jones, semble jouer un très petit rôle. Pour les femmes, la beauté n'est généralement pas un motif de mariage ; la seule motivation semble être la compensation que l'homme peut lui obtenir. » Parmi les tribus de la Louisiane, pour une femme, « tout ce qui compte, c'est de savoir si celui qui la demande en mariage est un chasseur capable, un bon guerrier et un excellent travailleur ».

Parmi les Hidatsa, « les parents recommandent généralement à leurs filles d'épouser des hommes qui ne laisseront jamais le gîte sans viande ». Le conseil semble toutefois superflu. On ne peut exprimer de manière plus concise les motifs qui influencent le choix et l'attachement d'une Indienne d'Amérique que ne l'a fait un Indien de Pennsylvanie : « La squaw aime manger de la viande. Pas de mari, pas de viande. La squaw fait donc tout pour plaire au mari. Il fait de même pour lui plaire. Et ils vivent heureux. »

Et Robert Briffault ajoute :

Aucune femme primitive ne consentira de bonne grâce à épouser un homme qui n'a pas démontré son aptitude fonctionnelle à accomplir sa part dans la division économique du travail que constitue l'association du mariage. […] La capacité du chasseur de fournir de tels exemples de son habileté est la condition indispensable du mariage individuel à travers la société primitive.

Et Robert Lowie ajoute :

Nous ne pouvons insister ni trop fréquemment ni trop ardemment sur le fait que le mariage ne se base que de manière limitée sur des considérations sexuelles. Pour les membres individuels du couple, leur premier motif est précisément de trouver un ensemble économique autosuffisant.

Où se trouve donc le « collectif de travail » d'Evelyn Reed, composé seulement de mères, de soeurs et de frères, avec des maris exclus de toute participation sociale et économique au groupe ? Et une relation entre les maris et les épouses qui se limite exclusivement à l'union sexuelle ? Et où retrouve-t-on cette « maternité-fraternité » d'Evelyn Reed dans des clans où les « frères sociaux » font preuve d'une malencontreuse tendance à se marier et à s'établir dans le clan de leur belle-famille, comme c'est le cas dans la vaste majorité des clans maternels avec résidence matrilocale ? Loin de faire éclater tout le clan avec des conflits sexuels, ces maris sont les principaux pourvoyeurs de nourriture animale et protecteurs du clan, étant donné que les frères adultes de leurs femmes sont généralement partis ailleurs pour réaliser les mêmes fonctions.

Loin d'être une exception à la règle, le mariage d'individus pour des considérations économiques — *et comme une nécessité économique — est absolument universel dans les sociétés primitives, des tribus de chasseurs les plus rudes aux plus sophistiquées*, et il n'est pas inusité, même si ce n'est certainement pas la règle, de trouver parmi les cultures les plus primitives des « relations matrimoniales qu'un moraliste du milieu de l'époque victorienne considérerait comme exemplaires. Parmi les habitants des îles Andaman, la "fidélité conjugale" jusqu'à la mort n'est pas l'exception, mais la règle ».

La camarade Reed voudrait nous faire croire que le matriarcat « classique » existe universellement à tous les niveaux de culture et qu'il est représentatif de l'ensemble des relations primitives. En réalité, loin d'exister au niveau inférieur de la société primitive, il existe presque exclusivement aux niveaux supérieurs de la culture néolithique, au seuil de la civilisation. Et les exemples de ce matriarcat « classique », de ce qu'un matriarcat qui se respecte devrait avoir l'air, sont extrêmement rares. Les Iroquois et les Pueblos en sont les exemples par excellence. Cependant, même ici, Evelyn Reed nous a donné un portrait déformé de la relation sexuelle et matrimoniale primitive.

[Selon Ruth Bunzel], parmi les Zunis, une tribu pueblo où l'autorité de la femme est absolue :

> Lorsqu'un homme revient de sa journée de travail, sa femme abandonne tout travail qu'elle est en train de faire et se rend à la porte de la maison pour l'accueillir. Peu importe ce qu'il apporte, elle le lui prend et le porte dans la maison. Puis elle prépare la nourriture pour son mari. Ces gestes requis par le protocole symbolisent l'économie du mariage. La maison appartient à la femme. Elle y reçoit son mari comme un invité. En retour, il apporte les produits des champs et du ranch, qui deviennent la propriété de la femme lorsqu'ils franchissent le seuil. L'homme interpréterait toute omission de ces formalités de la part de la femme comme une indication qu'elle ne le considère plus comme son mari.
>
> L'interdépendance économique des hommes et des femmes est l'une des grandes forces stabilisatrices de la vie familiale. Elle ne prolonge la vie d'aucun mariage en particulier, mais elle

aide à maintenir l'institution. Les Zunis changent fréquemment de partenaires, mais la constellation homme-femme-enfants demeure constante. Il n'y a pas d'hommes ou de femmes célibataires ni d'enfants abandonnés.

Et Briffault rapporte à propos des Zunis :

> Dans la salle de séjour et la cuisine, autour du feu de bois, on peut voir en soirée se rassembler toute la maisonnée, pères, mères et enfants. Bien que le mari élise domicile dans la résidence familiale de l'épouse tant qu'elle vit et qu'il s'y comporte correctement, il appartient toujours à sa propre famille. [...] C'est la femme qui garantit la sécurité des liens du mariage. Et à son grand honneur, il faut dire qu'elle abuse rarement de ce privilège, c'est-à-dire qu'elle ne renvoie jamais son mari à la maison du père de ce dernier à moins qu'il ne le mérite vraiment.

Et il poursuit :

> La vie domestique des Zunis [dit Mme Stevenson] pourrait bien servir d'exemple au monde civilisé. Ils n'ont pas de grandes familles et leurs membres sont profondément attachés les uns aux autres. [...] On verrait les jeunes mères prendre soin de leurs enfants ou les pères les caresser, car les hommes zunis sont très dévoués à leurs enfants, en particulier aux bébés. La grand-mère aurait l'un des plus jeunes enfants sur ses genoux, avec peut-être

la tête d'un autre reposant sur son épaule, pendant
que les autres enfants seraient assis près d'elle ou
s'affaireraient à des tâches ménagères.

La maison [dit le Dr Kroeber] appartient aux
femmes nées dans la famille. Elles y viennent au
monde, y passent leur vie et meurent entre ses murs.
Lorsqu'elles deviennent adultes, leurs frères les
quittent, chacun pour demeurer dans la maison de
sa femme. (!) Chaque femme a aussi son mari, ou sa
succession de maris, qui partage sa couche. (!) Les
générations succèdent donc aux générations, le lent
défilement des mères et des filles formant le courant
qui emporte avec lui maris, fils et petits-fils.

Même en donnant à Evelyn Reed tout le bénéfice du doute
et en choisissant comme exemple l'un des cas les plus par-
faits qui existent d'une forme de matriarcat primitif, nous
pouvons demander : où trouve-t-on ce soi-disant gouffre
entre partenaires sexuels comme critère universel ? Où,
pouvons-nous demander, trouve-t-on une relation sexuelle
dans laquelle il faut maintenir une séparation continue des
couples mariés sous peine de voir l'ensemble de la société
primitive voler en éclats sous l'impact des conflits sexuels
entre les hommes adultes ? Des résidences séparées qu'il
faut maintenir comme une nécessité, partout et toujours,
alors qu'en fait parfois il le faut, parfois il ne le faut pas ?
Une relation sexuelle qui doit avoir lieu en secret et dans
une « terre inhospitalière » à l'extérieur du camp par peur
que l'« ennemi » ne la découvre ?

Même dans ce dernier cas, Robert Briffault n'est pas
aussi catégorique qu'Evelyn Reed. Il mentionne en fait les
Tahitiens, les Maoris de Nouvelle-Zélande, les Esquimaux,

les Cris, les tribus du Nouveau-Mexique, les Botocudos, les
Indiens du Paraguay, les Choroti du Pilcomayo, les Négri-
tos des îles Andaman, les Yagans et les Aborigènes d'Australie comme étant quelques-unes des tribus chez qui la
copulation s'effectue de façon assez normale et naturelle
en public, devant les observateurs qui se trouvent là, ce
qui comprend les membres de la famille de la femme im-
pliquée, dans la plus complète indifférence à tout sens de
l'indécence ou de la peur.

Et il poursuit en soulignant que, bien que l'intimité de
la relation sexuelle soit presque universellement recherchée et bien qu'elle *puisse* être le résultat d'un réel danger
que la belle-famille d'un homme assiste à de telles relations,
« l'intimité exigée demeure en fait principalement désirée
pour le plaisir et la principale raison de la rechercher est
le désir d'être à l'abri de toute influence perturbatrice ».

Où, dans ce bref examen de quelques-unes des contradictions, des divergences et des généralisations non fondées des articles d'Evelyn Reed, pouvons-nous trouver des
preuves étayant ses énoncés à l'emporte-pièce selon lesquels « dans le système totémique, un gouffre sexuel séparait ceux qui, en tant que parents, vivaient et travaillaient
ensemble dans le même groupe totémique ou collectif de
travail. Inversement, un gouffre social séparait ceux qui,
en tant qu'étrangers, étaient unis sexuellement » ?

Au contraire, *une telle séparation mécaniquement imposée entre les sexes et au sein de la société n'existe dans aucune culture primitive, de la plus sauvage à la plus civilisée.*
S'il y a une contradiction ou un dualisme, cela découle du
fait que la relation sexuelle est en même temps le grand
facteur de division et le grand facteur d'unification des relations sociales primitives. Inutile de dire que ce dualisme

dans la relation entre le sexe et la société a des implications beaucoup plus larges et profondes lorsque nous considérons ses origines et son application aux aspects plus vastes de la théorie. Les partisans de la théorie matriarcale des origines sociales, et la camarade Reed en particulier, doivent nous expliquer *comment une organisation dualiste comme la forme matriarcale a pu se développer à partir du monde animal.* Même un observateur aussi conservateur et prudent que Robert Lowie dit : « Nous pouvons raisonnablement douter qu'une organisation dualiste soit vraiment la plus simple pour l'homme primitif. » Et, en fait, nous pouvons non seulement raisonnablement en douter, mais nous pouvons trouver que lorsque nous essayons de faire émerger une telle organisation dualiste du monde animal, nous ne pouvons le faire qu'en inventant l'histoire suivante :

À une époque très lointaine, un troupeau animal dont nous sommes issus, formé de mères, soeurs, filles et de frères et fils sexuellement immatures, dont la conscience avait progressé suffisamment pour étiqueter et comprendre ces relations et concepts, a jugé nécessaire de retenir au sein du groupe, d'une manière ou d'une autre, les frères et fils adultes dans le but de se protéger et de s'approvisionner en nourriture animale, dans le but de fonder un « collectif de travail ».

Parce que la relation sexuelle est le grand facteur de perturbation du processus de travail qui s'effectuait dans ce troupeau animal, les « frères et fils » animaux étaient arbitrairement bannis du troupeau lorsqu'ils devenaient sexuellement matures en se faisant dire que les femelles au sein du groupe étaient leurs « mères sociales » et leurs « soeurs sociales » et, de ce fait, taboues selon les lois de l'inceste.

Nous devons présumer que ces animaux mâles et adultes, « fils et frères », ont simplement erré dans la nature, se procurant sexe et nourriture là où ils les trouvaient, exclus de toute participation au « collectif de travail » qui était en train de se former.

Lorsque les mères et les soeurs ont réalisé qu'elles ne pourraient plus faire le travail à elles seules, elles ont cherché des façons et des moyens de pouvoir garder à la maison les fils et frères adultes et, en même temps, de les satisfaire sexuellement puisque nous devons présumer que ces animaux mâles n'étaient pas des eunuques.

La solution à ce dilemme que suggère Evelyn Reed, c'est que les mères et les soeurs, par un étrange tour de sorcellerie dont nous ne connaissons pas la nature, ont simplement dit à leurs frères et à leurs fils de rester à la maison et que, s'ils voulaient s'offrir des rapports sexuels, ils devaient se contenter de la première ennemie égarée qui passerait par là. Ce que les fils animaux dociles ont immédiatement accepté et qu'ils ont continué à faire jusqu'à ce jour en aidant ainsi à construire le « collectif de travail ».

Selon Robert Briffault et d'autres partisans de la théorie matriarcale, la solution à leur dilemme se résume en gros à ceci : les mères et les soeurs ont cherché un autre troupeau qui faisait face à la même difficulté et ensemble ils se sont débarrassés de ce problème épineux dont dépendait le sort de l'humanité.

C'est ainsi qu'on a convoqué un « congrès de fondation de l'humanité » dans le but d'unifier deux groupes animaux qui vivaient en état de guerre permanent. On a pu surmonter la tendance des mâles adultes à se disputer les femelles grâce à un arrangement juridique selon lequel, chacun de ces deux troupeaux allait dorénavant devoir répondre aux besoins sexuels de l'autre de façon à ce que les animaux mâles adultes, qui sont immédiatement devenus des

« frères sociaux », puissent rester à la maison et aider leurs mamans. Nous devons de plus présumer qu'à ce « congrès de fondation », les mères et les soeurs ont privé les mâles adultes de leur droit de vote étant donné que nous ne pouvons concevoir qu'un animal mâle adopte des règlements qui régiront dans l'avenir sa vie sexuelle à son propre désavantage. De toute façon, comme ils n'y avaient pas encore été invités, ils devaient probablement toujours errer dans la nature, sans savoir qu'on décidait de leur destin.

Et c'est ainsi que la race humaine a cessé d'être animale et est devenue humaine par un décret de congrès régissant la sexualité, congrès auquel n'a pu participer la moitié de la race humaine, les hommes, qui n'ont probablement même pas eu une voix consultative. Comme il a dû y avoir au moins autant d'origines indépendantes de l'humanité qu'il y a de races, les partisans de la théorie matriarcale disent que cette conception absurde ne s'est pas produite une, mais au moins cinq fois. Et ainsi, nous avons bien à l'esprit l'image des mères primitives qui, deux par deux, font monter l'animal mâle dans l'arche de l'expérience humaine.

Je ne veux pas avoir l'air insolente, mais toute cette conception est tellement grotesque qu'il est impossible de ne pas sombrer dans le sarcasme. Ce n'est *qu'en passant des faits sous silence* que la camarade Reed peut ériger une tour théorique à partir d'un soi-disant vaste gouffre et d'une irréconciliabilité entre sexe et société. Quand on tient compte des faits, une perspective très différente sur les origines et l'évolution du matriarcat devient possible. Il devient clair en fait que la forme matriarcale n'a pas été la plus primitive, mais qu'elle a été précédée par une autre forme, aujourd'hui disparue, dont elle a été la négation.

LE 9 SEPTEMBRE 1954

EVELYN REED

Anthropologie : marxiste ou bourgeoise ?

UNE RÉPONSE À LA CAMARADE MCGOWAN

LA CAMARADE MCGOWAN lance son attaque contre moi avec les affirmations suivantes :

(1) Les « interprétations de la société primitive et des relations sociales primitives qui prévalent aujourd'hui dans le parti, et ce depuis à peu près 75 ans, sont [...] fausses ou [...] erronées ». Pire encore, ces interprétations ne sont pas qu'« accidentellement » fausses ou « innocemment » erronées. Évidemment, nous avons été induits en erreur délibérément.

À cet égard, je ne connais qu'une seule interprétation de la société primitive qui a prévalu dans le parti depuis environ 75 ans et que, de fait, nous avons ouvertement adoptée. C'est l'interprétation *marxiste* telle que l'a présentée Engels dans son *Origine de la famille, de la propriété privée et de l'État* [*]. J'aimerais que la camarade McGowan en dise davantage sur ce point étant donné que mes propres études se basent sur le travail d'Engels.

2) Les articles d'Evelyn Reed « sont d'un très faible niveau universitaire et [...] n'importe quel bon anthropologue bourgeois pourrait assez facilement les réfuter ». Ce qui est pire encore, c'est que nous « nous rendons ridicules aux yeux d'individus éclairés dans le monde universitaire bourgeois [avec] cette tentative scolastiquement irresponsable de définir les relations sociales primitives et les forces qui leur ont donné naissance ».

Je dois avouer que je n'ai pas exposé mes propositions dans les articles pour atteindre un « niveau universitaire », « faible » ou non. Je les ai présentées comme des contributions marxistes qui, sur certains points, s'opposent à celles des universitaires. Certains universitaires bourgeois considèrent toujours que les contributions marxistes sont « faibles », quels qu'en soient le genre ou le sujet. Je ne me soucie pas non plus de paraître ridicule aux yeux « d'individus éclairés » bourgeois. Au contraire, ces individus éclairés me paraissent ridicules, eux qui sont incapables de répondre à des questions sur des sujets sur lesquels ils prétendent être les mieux informés. Ils ont laissé aux marxistes « non informés » le soin de *répondre* à ces questions.

Finalement, mon étude, qu'elle soit irresponsable ou non, n'est pas *scolastique*. Au contraire, les scolastiques sont terrifiés à la seule pensée de s'engager dans ma voie de recherche parce que cela mettrait rapidement en évidence que

---

dans Karl Marx et Friedrich Engels, *Oeuvres choisies*, Tome 3, Moscou, Éditions du Progrès, 1976. Il est aussi disponible en ligne en version pdf : https://classiques.uqam.ca/classiques/Engels_friedrich/Origine_famille/Origine_famille_Etat.pdf

la société bourgeoise moderne ne représente qu'un fragment de l'histoire de l'humanité et que même ce fragment tire à sa fin. Seuls les marxistes, qui sont aux antipodes des scolastiques, peuvent examiner le passé sans crainte parce qu'ils peuvent examiner sans crainte le futur et se préparer pour une société socialiste.

3) Evelyn Reed essaie « de réduire les différences entre les cultures matriarcale et patriarcale à une classification formelle ».

La camarade McGowan n'a évidemment pas lu mon article très soigneusement, ou elle ne l'a pas compris. Je ne tentais pas « de réduire à une classification formelle » ce sujet, peu importe ce que cela peut bien vouloir dire. Je déclarais catégoriquement qu'il y a eu une *séquence historique* de ces deux formes sociales et que, dans cette séquence, le matriarcat a précédé le patriarcat.

Quelle est la position de la camarade McGowan sur cette question décisive ? J'ai recherché sa position sur ce point avec beaucoup de soin, mais je n'ai pu trouver qu'une référence cryptique dans la toute dernière phrase de sa présentation : « Il devient clair en fait que la forme matriarcale n'a pas été la plus primitive, mais qu'elle a été précédée par une autre forme, aujourd'hui disparue, dont elle a été la négation. »

Que signifie exactement cette phrase, camarade McGowan ? Tout ce que je peux en déduire, c'est que si la forme « la plus primitive » ou *première* n'était pas la forme matriarcale, tu as rejeté la théorie de Robert Briffault et tu te situes du côté de ses adversaires. Ses adversaires déclarent que la forme patriarcale remonte au règne animal. Une fois que nous quittons le règne animal, il n'y a que deux formes *sociales* : le matriarcat et le patriarcat. Sur la question centrale de savoir *laquelle a été la première*, de quel côté te situes-tu ?

Pour les camarades qui ne sont pas familiers avec le grand débat entourant cette question, laissez-moi brièvement en expliquer les implications. Les anthropologues bourgeois ne s'entendent pas sur de nombreux points. Mais la divergence la plus fondamentale réside dans ce débat à propos du matriarcat et du patriarcat. En fait, la position que chaque anthropologue adopte sur cette question détermine à laquelle des deux principales écoles de pensée il appartient et elle révèle ses objectifs et ses méthodes.

Une de ses écoles adhère à la méthode matérialiste et historique d'analyse des données anthropologiques, même si ce n'est que de façon limitée ou partielle. L'autre école est hostile à la méthode historique et lui substitue la simple cueillette de faits accompagnée d'interprétations impressionnistes et superficielles de ces faits. Par conséquent, une école est progressiste et montre la voie en avant. L'autre est obscurantiste et réactionnaire.

Nous ne restons pas sur la ligne de touche sur cette question. Nous soutenons l'école matérialiste, comme Engels l'a fait lorsqu'il a soutenu Lewis Morgan et qu'il a polémiqué contre Edward Westermarck [*]. On peut utiliser

---

[*] Lewis Henry Morgan (1818-1881), ethnologue américain, est l'auteur de *Ancient Society, or Researches in the Lines of Human Progress from Savagery through Barbarism to Civilization* (1877). (Une version française de ce livre est disponible en ligne sous le titre *La société archaïque.*) Engels a largement utilisé les découvertes de Morgan pour écrire *L'origine de la famille, de la propriété privée et de l'État.*

Engels a polémiqué contre Edward Westermarck. Voir *Origin of the Family,* p. 67-71, 88 [impression 2022]. Westermarck a publié *History of Human Marriage* en 1891.

Robert Briffault (1876-1940) est l'auteur de *The Mothers* (1927), un ouvrage pionnier de l'anthropologie. Il y examine comment les

les découvertes de toutes les écoles de pensée, et c'est ce que nous faisons, mais nous sommes extrêmement sélectifs et critiques quand il s'agit d'adopter des interprétations et des théories.

Dans le débat matriarcat-patriarcat, il y a deux théories opposées sur la question de savoir lequel est venu en premier. Parmi ceux qui défendent la position selon laquelle le système patriarcal de relations matrimoniales et familiales remonte au règne animal, Edward Westermarck est peut-être le plus explicite et celui qui a le plus d'autorité. On pourrait résumer sa théorie dans la populaire image du primate « patriarche » qui peuple son « harem » d'épouses et de descendants et les domine exactement comme le père patriarcal dans la société de classe. Quant au matriarcat, il n'a jamais existé. Ou, s'il a existé, il ne s'agissait que d'une sorte d'aberration sociale trouvée ici et là, en marge de l'histoire.

Robert Briffault est le plus éminent représentant de la position opposée. Et il a en fait présenté ses conclusions comme la « théorie matriarcale des origines sociales ». Pour cette raison, tous ceux qui soutiennent Briffault se déclarent du côté de la position selon laquelle c'est le matriarcat qui est apparu le premier.

Les marxistes s'intéressent au plus haut point à ce débat pour les raisons suivantes : le mythe bourgeois selon

---

responsabilités maternelles biologiquement déterminées ont dicté le rôle essentiel des femmes dans le développement du travail social, d'où est née la civilisation.

Pour une discussion plus approfondie du matérialisme historique et de la « Guerre de 100 ans » en anthropologie, voir les articles d'Evelyn Reed « Women and the Family » dans *Problems of Women's Liberation* (éditions Pathfinder, 1970), « Evolutionism and Antievolutionism » dans *Sexism and Science* (éditions Pathfinder, 1978), et son introduction à *Woman's Evolution* (éditions Pathfinder, 1975).

lequel la société de classe existe depuis toujours et existera à jamais est un obstacle sur notre chemin. Nous affirmons exactement le contraire : la société de classe est seulement une étape transitoire de l'histoire humaine, qui est apparue à un certain moment historique pour certaines raisons spécifiques et qui disparaîtra au prochain moment historique pour d'autres raisons spécifiques.

Ce mythe bourgeois du caractère permanent de la société de classe est soutenu et renforcé par le mythe selon lequel les institutions du mariage et de la famille ont aussi toujours existé. En effet, la théorie de Westermarck traite des institutions sociales modernes du mariage et de la famille comme s'il s'agissait pratiquement d'une loi biologique remontant au règne animal. Ces deux mythes sur la société de classe et son institution du mariage agissent comme des outils pour inculquer l'ignorance, la superstition et la subjugation au peuple travailleur. Notre tâche est de démolir *les deux* aspects de ce mythe bourgeois.

Deux grands théoriciens bourgeois nous ont préparé le terrain pour cette grande entreprise de démolition. Il s'agit de Lewis Morgan et Robert Briffault. Engels a utilisé les découvertes de Morgan pour démontrer qu'avant l'apparition de la société de classe il existait un premier système social, qu'il a appelé « communisme primitif ». Mais à mesure que se développait la science de l'anthropologie, de nouveaux termes sont apparus dont la pleine signification n'était pas toujours évidente. Ainsi, comme j'ai essayé de le montrer, le terme « matriarcat » est une alternative au terme « communisme primitif », mais cette information n'est pas largement répandue. Les discussions sur le matriarcat tournent en général autour de sa forme, appelé « mariage matrilocal », plutôt qu'autour de ses structures économiques et sociales, qui étaient du type communisme primitif. Ceci a créé un énorme écran de fumée de débats houleux sur les formes de mariage et a fait dévier le sujet de ses bases économiques et de classe.

Se dire du côté de ceux qui voient le matriarcat comme la première forme d'organisation sociale revient donc, explicitement ou implicitement, à se dire en accord avec la théorie selon laquelle le socialisme ou communisme primitif a précédé la société de classe. C'est là que le bât blesse. En effet, dire que le communisme primitif a précédé la société de classe revient à admettre que la société de classe n'a pas toujours existé et, du même coup, qu'elle n'existera pas toujours. Cela revient en effet à soutenir la position et la théorie marxistes. Mais quel scientifique bourgeois qui tient à sa chaire professorale fera un tel aveu ?

Le débat matriarcat-patriarcat occulte tout cela. Ce qu'il y a derrière, c'est la question de la lutte des classes et de l'idéologie de classe. Voilà pourquoi, de tous les scientifiques bourgeois en anthropologie au cours du siècle dernier, il n'y en a que deux dont nous avons adopté les théories : Morgan et Briffault. Et il convient de noter que les deux ont été l'objet d'intimidation et d'attaques et qu'ils ont même été partiellement censurés. Aujourd'hui, sous la pression de la réaction et de la propagande bourgeoises, soutenir ces scientifiques revient presque à soutenir les marxistes et être caractérisé de « rouge ».

En plus de ces deux grands théoriciens qui ont traité de l'histoire sociale, il y a un grand nombre d'investigateurs, d'universitaires, de chercheurs de terrain et d'analystes en anthropologie dont on ne peut accepter sans réserve les travaux, aussi importants soient-ils. Même parmi ces scientifiques « réputés », il existe une division, bien qu'elle soit plus

« Le mythe bourgeois du caractère permanent de la société de classe est renforcé par le mythe selon lequel les institutions patriarcales du mariage et de la famille remontent au règne animal. Notre tâche est de démolir les deux mythes. » —*Evelyn Reed*

À PARTIR DU HAUT : Lewis Morgan, (**à gauche**), pionnier du matérialisme historique dans l'évolution de la société. Robert Briffault (**à droite**) a reconnu le matriarcat comme la première forme de société humaine. Edward Westermarck a maintenu que le système patriarcal du mariage et de la famille a toujours existé. Friedrich Engels, auteur de *L'origine de la famille, de la propriété privée et de l'État*, fondateur et dirigeant du mouvement communiste avec Karl Marx.

« Nous ne sommes pas neutres » dans la guerre qui divise l'anthropologie depuis plus d'un siècle, a dit Evelyn Reed. **Nous soutenons l'école matérialiste, comme Engels l'a fait en soutenant Morgan et en polémiquant contre Westermarck. »**

feutrée et plus difficile à discerner. D'un côté, il y a ceux qui cherchent les racines et les causes, ce qui implique une approche historique même à une échelle limitée. Ils sont représentés par de très grandes figures comme Sir James Frazer, Robertson Smith, Lorimer Fison et A. W. Howitt, Baldwin Spencer et F. J. Gillen, W. H. R. Rivers, Andrew Lang, Hutton Webster et nombre d'autres. Ce qui les motivait, c'était surtout l'intérêt scientifique et non le besoin de soutenir la société de classe et les préjugés de classe.

D'un autre côté, il y a l'école moderne, superficielle et impressionniste, d'anthropologues qui s'intéressent autant au soutien des institutions bourgeoises qu'à la science. Les représentants de cette école sont Franz Boas, A. R. Radcliffe-Brown, Bronislaw Malinowski, R. H. Lowie, Alexander Goldenweiser et de nombreux autres, de même que des vulgarisateurs comme Margaret Mead et Ruth Benedict.

La théorie favorite de l'école impressionniste d'anthropologues, c'est que la société est une « diversité de cultures ». Ceci est certainement vrai. Mais cela ne peut nous dispenser d'étudier l'histoire sociale et d'expliquer l'*évolution* de la société humaine telle qu'elle a progressé à travers les âges. C'est comme dire que tous les êtres humains sont quelque peu différents les uns des autres, qu'il n'y en a pas deux qui soient exactement identiques, comme un substitut à l'affirmation catégorique selon laquelle tous les êtres humains appartiennent à l'espèce homo sapiens et que cette espèce a une histoire d'un million d'années commençant avec le règne animal.

Contre mon intérêt pour l'*histoire* des formes sociales, la camarade McGowan écrit : « Des dizaines d'anthropologues ont établi des tas de faits […]. Ils ont essayé de trouver des tendances et des lois qui auraient régi la direction du développement dans cette grande *diversité* [souligné par elle] de relations et d'organisations sociales primitives. » C'est évidemment cette école réactionnaire et impressionniste d'anthropologues que la camarade McGowan soutient, puisque je n'ai trouvé nulle part la moindre description de « lois » qui régissaient les formes sociales primitives. Tout ce que je trouve, c'est un volumineux étalage de citations, sans référence à leur enchaînement historique, utilisées simplement pour prouver la « diversité » des formes matrimoniales et sociales.

Cela revient simplement à appliquer l'argument de l'école des anthropologues sur la « diversité des cultures ». Selon leur théorie, puisque dans les vestiges de groupes primitifs on trouve des formes matrimoniales parfois matrilocales parfois patrilocales, chacun n'a plus qu'à payer l'entrée et choisir celle qu'il préfère. C'est comme dire que, puisqu'il y a encore aujourd'hui des vestiges de rapports de classe féodaux et même esclavagistes, cela signifie qu'il n'y a pas eu d'enchaînement historique, de l'esclavage au féodalisme et au capitalisme, et que ce que nous avons n'est qu'une « diversité de formes ».

Si la camarade McGowan est d'accord avec cette école antihistorique d'anthropologues et qu'elle a jeté Briffault par-dessus bord, elle se doit de le dire ouvertement. Au lieu de cela, elle combine des citations de Briffault avec des citations de ses adversaires pour donner l'impression qu'ils étaient tous d'accord. Le fait est que Briffault *s'opposait* à l'école antihistorique et je suis d'accord avec Briffault.

L'essentiel de la présentation de la camarade McGowan a pour objectif d'établir deux points principaux : 1) Le mariage est « universel » ; 2) Des « considérations économiques » ont régi le mariage aussi bien dans sa forme matrilocale que patrilocale. Ces deux points n'ont rien à voir avec le grand débat sur le matriarcat et le patriarcat. La camarade McGowan utilise ainsi les mêmes techniques et méthodes que l'école qu'elle soutient pour détourner la discussion et obscurcir les questions. En ce qui concerne le premier point, bien sûr que le mariage est « universel » au même titre et au même degré que la société de classe a vaincu le communisme primitif (ou le matriarcat) et est devenu le système social universel. En ce qui concerne le second point, bien sûr que des « considérations économiques » régissaient les formes anciennes de mariage. Le fait est que les considérations économiques ont régi le mariage depuis sa forme initiale, le mariage matrilocal, jusqu'à sa forme ultime, le mariage capitaliste moderne ou la monogamie.

Mais qu'est-ce que ces points ont à voir avec la question devant nous : *historiquement, quelle a été la première forme de mariage* ? Briffault n'a laissé aucune ambigüité sur ce compte. La raison pour laquelle il a tellement concentré son attention sur le mariage matrilocal était précisément pour démontrer que ce dernier était la *forme universelle de mariage* avant qu'émerge le mariage patrilocal. Il a traité de cette question du point de vue de l'enchaînement historique et non pour démontrer une quelconque « diversité » de cultures ou de mariages.

Historiquement, trois formes principales de mariage ont existé. La première a été le mariage matrilocal, associé au matriarcat. La seconde a été le mariage patrilocal, associé au patriarcat. Et la dernière est la monogamie, qui est la forme que nous connaissons. Il a fallu 20 années à Briffault pour accumuler les données sur l'universalité de la forme matrilocale de mariage en tant que forme la plus antérieure et il s'en est servi pour renverser les piliers de la théorie de Westermarck sur la permanence de l'institution du mariage. Cela n'a pas empêché toute une école d'universitaires partisans de Westermarck de perpétuer son histoire naturelle et sociale imaginaire. Ceux-ci ne recherchaient pas la vérité scientifique, mais des titres universitaires.

Ce que je fais avec ma présentation sur l'époque « sans mariage » n'est que cela : reprendre l'histoire du mariage jusqu'aux temps où il n'existait pas du tout, même dans sa première forme. Une fois parvenue à cette époque lointaine, je dois utiliser d'autres termes et désignations, car comment pourrais-je décrire un système dans lequel le mariage n'était pas encore né en utilisant des termes qui s'appliquent au mariage ?

Quelques-uns de ces termes prémariage existent déjà. Mais ils ne sont pas largement répandus ; ils sont encore traités avec précaution et toujours enveloppés d'obscurité et de « mystère ». Par exemple, combien de gens connaissent l'étape de l'accouplement entre « cousins croisés » comme forme transitoire de mariage ayant précédé le mariage matrilocal ? Et qu'y avait-il avant l'accouplement entre cousins croisés ? Ma réponse, comme je le montrerai, est qu'il y avait l'échange sexuel. Et avant l'échange sexuel, le partenaire sexuel était « l'étranger-ennemi », qui rend la camarade McGowan si furieuse.

Il est parfaitement légitime pour la camarade McGowan d'exiger plus de renseignements et de preuves au sujet de ces affirmations et de vouloir savoir comment l'étranger-ennemi est finalement devenu le mari-père. En fait, je montrerai aussi comment l'étranger-ennemi s'est transformé en Dieu. Il est aussi raisonnable de soulever la question de « l'organisation dualiste », parce que celle-ci a été un élément décisif du processus. Je traiterai en détail de la question de savoir comment l'organisation dualiste a résulté de la scission de la horde primitive en deux moitiés et comment ceci a initié un système de *relations d'échange* qui a mené, d'une part, à l'expansion de la fraternité du travail, d'autre part, à l'accouplement entre cousins croisés et finalement au mariage. Mais cette description des relations d'échange est nouvelle. À ce que je sache, elle n'apparaît pas dans les livres d'anthropologie existants.

Je ne demande pas mieux que de mettre par écrit les réponses à ces questions, mais c'est une question de temps puisque ce n'est pas le seul travail qui m'occupe. Cependant, je peux assurer la camarade McGowan que cette présentation sera faite dès que possible et peut-être pourrai-je même la convaincre de sa validité et de sa justesse[*].

Mais pour réaliser ce travail, je serai obligée de traiter de la question fondamentale des *origines sociales*. Et ceci est un autre aspect de la recherche, qui répugne à la camarade McGowan. Elle y fait référence dans son introduction, lorsqu'elle révèle qu'elle et moi avons entretenu une correspondance il y a un an et demi, dans laquelle elle m'avertissait qu'il « était *impossible* soit de *commencer*, soit *de terminer* avec les origines sociales ». (C'est elle qui souligne.)

Je ne propose pas de terminer avec la question des origines sociales, mais je propose bien de *commencer* par elles. Et cela contredira sa théorie selon laquelle il n'y a jamais

---

[*] Il fallut à Evelyn Reed plus de 20 ans pour terminer l'oeuvre dont elle parle ici, *Woman's Evolution: From Matriarchal Clan to Patriarchal Family*, éditions Pathfinder, 1975. Salué comme un « ouvrage définitif sur la théorie de l'évolution en ce qui concerne les femmes », le livre a été traduit en plusieurs langues, dont le français, l'espagnol, le farsi, l'indonésien, le turc et le suédois.

eu de stade primitif ou sous-humain de l'humanité. Si je la comprends correctement, la camarade McGowan remet en cause non seulement la théorie darwinienne de l'évolution de l'homme à partir du règne animal mais toute l'école bourgeoise des archéologues et des historiens, sans parler de l'école marxiste, qui souscrivent à la théorie darwinienne.

Sachant que je reprendrai cette étude des origines sociales là où Briffault s'est arrêté, la camarade McGowan nous lance à tous les deux un défi avec la vulgarisation suivante de certaines affirmations :

> Selon Robert Briffault et d'autres partisans de la théorie matriarcale, la solution à leur dilemme, se résume en gros à ceci : les mères et les soeurs ont cherché un autre troupeau qui faisait face à la même difficulté et ensemble ils se sont débarrassés de ce problème épineux dont dépendait le sort de l'humanité.
>
> C'est ainsi qu'on a convoqué un « congrès de fondation de l'humanité » dans le but d'unifier deux groupes animaux qui vivaient en état de guerre permanent. [...] Et c'est ainsi que la race humaine a cessé d'être animale et est devenue humaine par un décret de congrès.

Si la camarade McGowan retourne voir mon article, elle verra bien que je n'ai pas mentionné le moindre décret de congrès et que je n'ai fait appel à aucune affirmation téléologique selon laquelle la première cellule sociale s'est organisée par le biais d'un contrat conscient. Ce que j'ai dit, c'est que ce sont les *besoins* qui poussaient l'humanité : les besoins biologiques de nourriture et de sexe et le besoin social de former un collectif de travail. J'ai affirmé que la horde primitive s'est développée en suivant la voie biologique de la *maternité* et la voie sociale du *travail*. Ce ne sont pas mes théories : la première est de Briffault, la seconde, d'Engels. J'utilise seulement ces théories comme les premières pierres de mon travail. Quelle est ta position, camarade McGowan, sur ces deux théories fondamentales ? Es-tu ou non d'accord avec elles ? Les anthropologues réactionnaires s'opposent à Engels, à Morgan et à Briffault. Quelle est ta position, camarade McGowan ? Les mêmes anthropologues réactionnaires soutiennent le double mythe de la société bourgeoise : 1) Que la société de classe est une institution permanente ; 2) Que ses institutions, celle du mariage et celle de la famille individuelle, en sont aussi des caractéristiques permanentes. Quelle est ta position, camarade McGowan ? Rejettes-tu les deux affirmations ? Seulement une ? Ou aucune des deux ? Réglons cette question de théorie, de *méthodes et d'objectifs*, avant de passer aux détails de la science de l'anthropologie.

Mon obstination à entreprendre cette recherche dangereuse sur les origines sociales et les institutions du mariage et de la famille semble surprendre et même attrister la camarade McGowan. Il est évident que je m'engage sur une voie qui ne peut que saper les mythes, les préjugés et les institutions capitalistes. Et elle demande donc : « Dans quel but, camarade Reed ? »

Ma méthode rend le but que je poursuis parfaitement clair. Il s'agit de dévoiler complètement, à l'aide de preuves historiques, la vraie nature du mythe bourgeois selon lequel cet ignoble système capitaliste a toujours existé et existera toujours. Il s'agit de faire la lumière sur la magnifique histoire du travail depuis le tout début de l'histoire humaine et sur le rôle vital qu'ont joué les femmes dans cette histoire. Il s'agit de dire aux travailleurs d'aujourd'hui que le travail est issu d'un système socialiste et qu'il progresse vers un nouveau système socialiste plus élevé. Il s'agit d'encourager les travailleurs dans la tâche qui consiste à surmonter les dangers colossaux auxquels ils font face aujourd'hui en leur montrant comment nos ancêtres ont surmonté des dangers aussi colossaux dans le passé. Il s'agit de montrer que la structure familiale moderne, opprimée, malade et angoissée, sera remplacée par de nouvelles formes de relations sexuelles et reproductives correspondant à une société nouvelle et meilleure. Ces données font partie d'un ensemble de données intéressantes et importantes que je recherche.

Peut-être est-il approprié de demander à la camarade McGowan : que te proposes-tu de démontrer par ton étude de la science de l'anthropologie ? Quels sont ta méthode, tes buts, tes objectifs ?

On pense couramment que la science de l'anthropologie est une science très imposante et ésotérique, réservée à des professeurs spéciaux et à des intellectuels, et qui est pour toujours au-delà des capacités des travailleurs et travailleuses ordinaires. Ce n'est pas vrai. Comme toute science, bien sûr, l'anthropologie a ses particularités, ses difficultés, sa terminologie, etc. Elle requiert de l'étude.

Mais au-delà de ce fait, il y a une raison pour laquelle la classe dirigeante et ses chiens de garde professoraux ne souhaitent pas que les travailleurs et, du même coup, les scientifiques marxistes des sciences sociales aient quelque chose à voir avec cette science. La raison en est qu'elle est chargée de dynamite sociale et politique. Et elle menace la classe dirigeante, ses institutions, ses mythes, sa propagande et son obscurantisme.

C'est la raison pour laquelle ceux qui défendent et perpétuent les droits sacrés à la propriété privée et l'exploitation de la classe ouvrière haïssent tellement Engels, Morgan et Briffault. Faire connaître la véritable histoire de la société humaine et du travail contenue dans cette science reviendrait à porter un dur coup contre tout le système capitaliste et son église réactionnaire.

Voilà un côté du tableau. De l'autre, la science de l'anthropologie couvre l'époque préhistorique de l'histoire sociale humaine, c'est-à-dire l'époque qui a précédé l'histoire écrite. On ne peut reconstruire et reconstituer cette histoire que par un système de logique. Plus encore, pas n'importe quelle logique, mais la logique dialectique marxiste.

En dernière analyse, ce seront donc les marxistes, ou ceux qui s'en rapprochent le plus par la *méthode*, qui perceront finalement les « secrets » et les « énigmes », dont les anthropologues réactionnaires disent qu'on ne pourra jamais les comprendre, et qui reconstruiront ainsi l'histoire ancienne de l'humanité. Voilà pourquoi la *méthode* est d'une telle importance décisive. Et voilà pourquoi il y a une telle réaction immédiate contre cette méthode chaque fois que des universitaires bourgeois l'appliquent même de façon absolument minimale.

Ainsi, en plus des difficultés naturelles inhérentes à la science même, il existe cette difficulté supplémentaire de la collision entre deux points de vue de *classe* opposés. Entrer dans le domaine de l'anthropologie, c'est entrer dans le domaine du combat de classe idéologique.

LE 18 OCTOBRE 1954

GLOSSAIRE DE TERMES ANTHROPOLOGIQUES

Les lecteurs qui recherchent des lectures complémentaires trouveront dans Woman's Evolution *d'Evelyn Reed une excellente source d'information.*

Les termes en italique ci-dessous sont expliqués plus en détail dans d'autres entrées du glossaire. – NDLR.

Anthropologie – L'étude du développement de la société humaine. Telle qu'employée ici, il s'agit de la science de l'évolution préhistorique de l'humanité, c'est-à-dire, avant toute trace d'histoire transmise par écrit.

Archaïque, période – Le premier stade de la *sauvagerie*.

Barbarie – Phase de l'évolution de la société située entre la *sauvagerie* et la *civilisation*. Il correspond approximativement à la période archéologique connue sous le nom de Néolithique (Nouvel Âge de pierre) qui a débuté il y a 10 000 à 12 000 ans. Dans les dernières étapes de la barbarie, avec les progrès de l'agriculture et de l'élevage, des castes privilégiées sont apparues et ont mis fin à l'égalité dans les relations sociales. Des communautés urbaines plus importantes ont commencé à se développer.

Civilisation – Étape actuelle de la société, dont les origines sont marquées par l'apparition de la *propriété privée*, des divisions de classe, de la famille *patriarcale* et, plus tard, de l'État. Le bronze, puis le fer, ont commencé à être utilisés pour fabriquer des outils et des armes.

Clan – Unité de base de la société *primitive*. Dans la plupart des cas, le clan était maternel, composé des mères, de leurs frères et des enfants des mères. Il s'agissait d'une unité *exogame* au sein d'une *tribu*. La famille se développe à un stade ultérieur de l'évolution sociale, en même temps que la *propriété privée* et les divisions de classe.

Cousins croisés – Hommes et femmes de la même génération appartenant à des groupes autrefois hostiles. Les hommes de chacun des deux côtés ont des relations fraternelles en tant que « beaux-frères ». Les femmes et les hommes d'un côté sont des partenaires réels ou potentiels des femmes et des hommes de l'autre côté. Les femmes et les hommes d'un même côté ne s'accouplent pas.

Endogamie – Relation réciproque entre deux communautés *exogames* pour l'échange de nourriture et de partenaires.

Exogamie – « Se marier à l'extérieur. » Cela signifie que les hommes appartenant à un groupe de *clans* doivent se procurer leur nourriture et leurs partenaires en dehors du territoire de leurs propres clans.

Horde primitive – Le premier groupe social à émerger des primates.

Matriarcat – Système de *clan* maternel et communautaire d'organisation sociale qui a précédé le stade *patriarcal* de la société.

Matrilinéaire – Filiation selon la lignée maternelle.

Matrilocal, mariage – La résidence d'un homme et une femme qui cohabitent se trouve dans la communauté de la femme.

Moitié – Une des deux composantes (*phratries*) d'une *tribu*.

Néolithique, période – Nouvel Âge de pierre, correspondant à peu près à la période de la *barbarie* (débutant il y a 10 000 à 12 000 ans).

Organisation dualiste – Relation réciproque entre deux *moitiés* (ou *phratries*) *exogames* d'une *tribu* pour l'échange de nourriture, de partenaires et de relations sociales.

Patriarcat – Suprématie du père et du sexe masculin dans la vie sociale et familiale. Il naît avec la propriété privée et la société de classes.

Patrilinéaire – Filiation selon la lignée paternelle.

Patrilocal, mariage – La résidence d'un homme et d'une femme qui cohabitent se trouve dans la communauté de l'homme et de sa parenté maternelle.

Phratrie – Un groupe de *clans* liés entre eux et constituant un côté ou une *moitié* d'une *tribu*.

Primitive, période – La phase supérieure de la *sauvagerie*, après la période *archaïque*.

Propriété privée – Richesse détenue (« possédée ») par des individus ou des familles individuelles, par opposition à la propriété communautaire des stades antérieurs de la société.

Sauvagerie – La phase la plus ancienne de la société humaine, avec une économie basée sur la chasse, la cueillette et le partage de la propriété collective. Elle correspond à peu près à la période archéologique connue sous le nom de Paléolithique (Ancien Âge de pierre).

Tabou – Interdiction sociale, tels que des aliments prohibés ou le tabou de l'inceste.

Totémisme – Le plus ancien système de régulation sociale, basé sur les relations totémiques et les *tabous*. Un totem est un animal ou une plante considéré comme un membre d'un groupe de parenté. Le *clan* ou la *tribu* est souvent considéré comme issu de l'accouplement du totem avec une femme.

Tribu – Communauté *endogame* composée de deux *moitiés* (ou *phratries*) exogames, chacune composée de plusieurs *clans* liés entre eux.

RÉFÉRENCES

Auteurs cités dans le texte : LE FÉTICHE DES COSMÉTIQUES

Page 138, « Tout étudiant du *Capital*… » — Karl Marx, *Le Capital*, Paris, Presses universitaires de France, 1993, livre 1, chapitre 1 (La marchandise), section 4, p. 81-95.

Page 152, « implique la rupture la plus radicale… » — Karl Marx et Friedrich Engels, *Le Manifeste communiste*, éditions Pathfinder, New York, 2009, p. 57.

Auteurs cités dans le texte : EVELYN REED NOUS REND RIDICULES AUX YEUX D'INDIVIDUS ÉCLAIRÉS DANS LE MONDE BOURGEOIS

Page 170, « premier article de la camarade Reed intitulé "Le mythe de l'infériorité des femmes" » : « The Myth of Women's Inferiority » dans *Problems of Women's Liberation*, éditions Pathfinder, New York, 1969, 1970, p. 43-74 [tirage de 2019].

Page 171, « Sexe et travail dans la société primitive » — « Sex and Labor in Primitive Society », Evelyn Reed, *Fourth International*, Été 1954, p. 84-90. Disponible en ligne à : themilitant.com/NI/FI54/FI54_07.PDF#page=12

Page 172, « Quelles sont les principales caractéristiques… » — Evelyn Reed, *Fourth International*, Été 1954, p. 84-85.

Page 173, « La constitution de la société et de la famille égyptiennes… » — Robert Briffault, *The Mothers*, Macmillan Company, New York, 1927, vol. 1, p. 379.

Page 173, « La descendance matrilinéaire était la règle… » — Ibid., p. 379.

Page 174, « Le mariage était matrilocal... » Ibid., p. 381-382.

Page 174, « pas d'enfants illégitimes dans l'Égypte ancienne... » — Ibid., p. 380.

Page 175, « La société aborigène australienne... » — Ibid., p. 727.

Page 175, « Chez les Australiens, quelques tribus... » — Robert Lowie, *Primitive Society*, Harper Torchbooks, New York, 1961, p. 189. Une version française de ce livre est disponible en ligne : classiques.uqam.ca/classiques/lowie_robert/lowie.html

Page 176, « Les Australiens sont patrilocaux... » — Ibid., p. 161.

Page 176, « Parmi les tribus australiennes... » — Robert Briffault, op. cit., vol. 1, p. 337.

Page 176, « Parmi les aborigènes australiens... » — Ibid., p. 311-313.

Page 177, « les tribus du centre de l'Australie... » — Ibid., vol. 2, p. 446.

Page 177, « La paternité biologique est une chose... » — Robert Lowie, op. cit., p. 167.

Page 178, « La notion de paternité... » — Robert Briffault, op. cit., vol. 2, p. 445.

Page 178, « Un individu n'a aucun droit personnel... » — Ibid., vol. 2, p. 493

Page 179, « Dans certaines régions d'Afrique... » — Ibid., vol. 1, p. 315

Page 181, « Dans ce système totémique (ou de parenté)... » — Evelyn Reed, *Fourth International*, Été 1954, p. 85.

Page 181, « les étrangers qui étaient les partenaires sexuels des femmes » — Ibid., p. 88.

Page 181, « Et elle continue en citant longuement Briffault... » — Ibid., p. 88-89.

Page 181, « Les "maris et épouses"... » — Ibid., p. 89.

Page 182, « Dans presque tous les exemples de ces sociétés qui ont survécu... » — Robert Briffault, op. cit., vol. 1, p. 562-563.

Page 184, « Un aspect frappant des moitiés... » — Robert Lowie, op. cit., p. 133-134.

Page 188, « Le mariage n'existait pas. » — Evelyn Reed, *Fourth International*, Été 1954, p. 85.

Page 188, « La relation entre... » — Ibid., p. 89.

Page 189, « Un Kai (par exemple)... » — Robert Lowie, op. cit., p. 66.

Page 190, « Le mariage individuel... » — Robert Briffault, op. cit., vol. 2, p. 1.

Page 190, « La réponse que les Aborigènes australiens... » — Ibid., Vol. 2, p. 164-166.

Page 191, « La femme primitive choisit un partenaire... » — Ibid., Vol. 2, p. 181-182.

Page 192, « Aucune femme primitive... » — Ibid., Vol. 2, p. 183-184.

Page 192, « Nous ne pouvons insister... » — Robert Lowie, op. cit., p. 65-66.

Page 193, « relations matrimoniales... » — Ibid., p. 167

Page 193, « la "fidélité conjuguale"... » — C. Boden Kloss, *In the Andomans and Nicobars: The Narrative of a Cruise in the Schooner "Terrapin"*, John Murray, Londres, 1903, p. 188.

Page 194, « L'interdépendance économique des hommes et des femmes... » — Ruth Bunzel, « The Economic Organization of Primitive Peoples », *General Anthropology*, sous la direction de Franz Boas, Heath and Company, New York, 1938, p. 370.

Page 195, « Dans la salle de séjour et la cuisine... » — Robert Briffault, op. cit., vol. 1, p. 272-273.

Page 195, « La vie domestique des Zunis... » — Ibid., vol. 1, p. 273.

Page 196, « Même dans ce dernier cas... » — Ibid., vol. 3, p. 260-261.

Page 197, « l'intimité exigée demeure... — Ibid., vol. 3, p. 262.

Page 198, « Nous pouvons raisonnablement douter... » — Robert Lowie, op. cit., p. 136.

INDEX

LA VOIE VERS LE POUVOIR OUVRIER ET L'ÉMANCIPATION DES FEMMES

Le creux de la résistance ouvrière est derrière nous

JACK BARNES, MARY-ALICE WATERS, STEVE CLARK

« Il n'y a pas de voie vers l'émancipation des femmes qui soit séparée d'un cours lutte de classe pour faire face à la crise capitaliste qui frappe la classe ouvrière et leurs familles — un cours permettant aux femmes de faire face aux défis qui leur incombent en tant que porteuses et nourricières d'une nouvelle vie. » 10 $ US. Aussi en anglais, espagnol, grec.

Malcolm X, la libération des Noirs et la voie vers le pouvoir ouvrier

JACK BARNES

La conquête du pouvoir d'État par une avant-garde de la classe ouvrière politiquement consciente est l'arme la plus puissante dans la lutte contre l'oppression des Noirs, la soumission des femmes, la haine des Juifs et toutes les formes de dégradation humaine héritées de la société de classes. 20 $ US. Aussi en anglais, espagnol, farsi, arabe, grec.

Les femmes à Cuba : Réaliser une révolution dans la révolution

VILMA ESPÍN, ASELA DE LOS SANTOS, YOLANDA FERRER

L'intégration des femmes dans les rangs et la direction de la Révolution cubaine était étroitement liée au cours prolétarien dirigé dès le début par Fidel Castro. C'est l'histoire de cette révolution et comment elle a transformé les femmes et les hommes qui l'ont accomplie. 17 $ US. En anglais, espagnol, farsi, grec.

ORIGINE DE L'OPPRESSION DES FEMMES

L'origine de la famille, de la propriété privée et de l'État
FRIEDRICH ENGELS

Avec la société divisée en classes sont apparus l'État, avec ses institutions répressives, et l'oppression des femmes, permettant aux classes possédantes de protéger et de transmettre leurs richesses et leurs privilèges. Engels décrit les effets sur les travailleurs de ces institutions de classe, depuis leur apparition jusqu'à maintenant. 15 $ US. En anglais, espagnol, farsi.

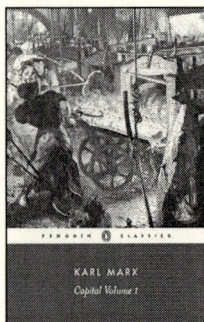

Le Capital
KARL MARX

Marx explique comment fonctionne le système capitaliste et comment il produit les contradictions insolubles — y compris l'oppression des femmes — qui alimentent la lutte de classe. Il démontre le caractère inévitable de la lutte pour la transformation révolutionnaire de la société, qui sera pour la première fois dirigée par la majorité productrice : la classe ouvrière. Trois volumes, 18 $ US chacun. En anglais et espagnol.

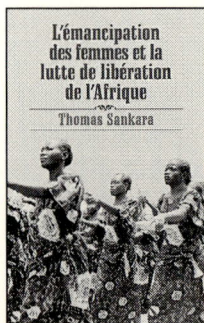

L'émancipation des femmes et la lutte de libération de l'Afrique
THOMAS SANKARA

« Il n'y a pas de véritable révolution sociale sans la libération des femmes », explique le dirigeant de la révolution de 1983-1987 au Burkina Faso. 5 $ US. Aussi en anglais, espagnol, farsi.

ET LA LUTTE POUR Y METTRE FIN

L'évolution de la femme
Du clan matriarcal
à la famille patriarcale

EVELYN REED

Une étude, de la préhistoire à la société
de classes, qui révèle les contributions des
femmes au progrès de la civilisation. Evelyn
Reed décrit les facteurs historiques qui ont
conduit à la subordination des femmes en
tant que sexe et offre un regard neuf sur la
lutte contre leur oppression et pour la libération de l'humanité.
25 $ US. En anglais, espagnol, farsi, indonésien.

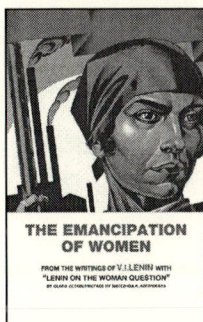

Sur l'émancipation des femmes

V. I. LÉNINE

L'émancipation des femmes, a écrit
Lénine, ne commence qu'« au moment où
s'engage la lutte de masse, (dirigée par
le prolétariat, maître du pouvoir) », pour
attirer les femmes en tant qu'égales dans
le travail social productif. Et quand la
cuisine, la garde des enfants et d'autres
tâches ménagères sont transformées en
tâches sociales d'une « grande économie socialiste ». 7 $ US.
En anglais.

Questions sur la libération des femmes

EVELYN REED

Explore les racines économiques et sociales
de l'oppression des femmes, de la société
préhistorique au capitalisme moderne, et
indique la voie à suivre vers l'émancipation.
12 $ US. En anglais, farsi, arabe, grec.

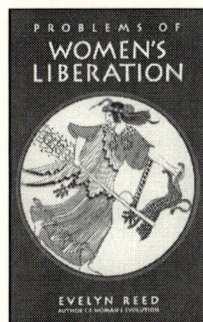

CONSTRUIRE UN PARTI OUVRIER RÉVOLUTIONNAIRE

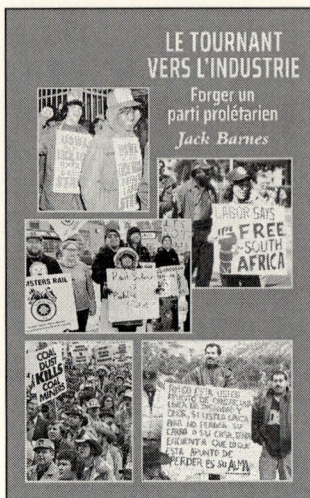

Le tournant vers l'industrie

Forger un parti prolétarien

JACK BARNES

Ce livre porte sur le programme, la composition et la ligne de conduite prolétariens du seul type de parti qui, à l'époque impérialiste, mérite le nom de « révolutionnaire ». Un parti capable de reconnaître le fait le plus révolutionnaire de cette époque : la valeur de la classe ouvrière et notre pouvoir de changer la société lorsque nous nous organisons et agissons contre la classe capitaliste. Ce livre porte sur la construction d'un tel parti aux États-Unis et dans les autres pays capitalistes à travers le monde.

15 $ US. Aussi en anglais, espagnol, farsi, grec.

Tribuns du peuple et syndicats

KARL MARX, V. I. LÉNINE, LÉON TROTSKY,
FARRELL DOBBS, JACK BARNES

Un tribun du peuple utilise toutes les manifestations de l'oppression capitaliste pour expliquer pourquoi les travailleurs, dans les luttes de classe, vont rompre avec les partis des patrons, organiser une lutte révolutionnaire pour le pouvoir d'État et jeter les bases d'un monde socialiste basé sur la solidarité humaine. 12 $ US. Aussi en anglais, espagnol, farsi, grec.

En défense du marxisme

LÉON TROTSKY

Une réponse à ceux qui, dans le mouvement ouvrier révolutionnaire de la fin des années 1930, ont courbé l'échine devant le patriotisme bourgeois lorsque Washington se préparait à entrer dans la Deuxième Guerre mondiale. Trotsky explique pourquoi seul un parti qui se bat pour recruter des travailleurs dans ses rangs et sa direction peut maintenir un cours communiste. Ce faisant, il prend la défense des fondations matérialistes et dialectiques du marxisme. 17 $ US. Aussi en anglais, espagnol, farsi.

La lutte contre
la haine des Juifs
et les pogroms
à l'époque
impérialiste

Les enjeux
pour la classe
ouvrière
internationale

V. I. LÉNINE
LÉON TROTSKY
FARRELL DOBBS
JAMES P. CANNON
JACK BARNES
DAVE PRINCE

Nouveau!

La lutte contre la haine des Juifs et les pogroms à l'époque impérialiste

Les enjeux pour la classe ouvrière internationale

V. I. LÉNINE, LÉON TROTSKY, FARRELL DOBBS, JAMES P. CANNON, JACK BARNES, DAVE PRINCE

La haine des Juifs et les pogroms, comme celui commis par le Hamas le 7 octobre 2023, font désormais partie des convulsions sociales permanentes et des guerres de l'époque impérialiste. Les auteurs expliquent pourquoi la lutte contre la haine des Juifs est essentielle pour la classe ouvrière et les nations opprimées du monde entier. Et ils répondent à la question : *Que faut-il faire pour y mettre fin*, une fois pour toutes. 10 $ US. Aussi en anglais et espagnol.

La série Teamster

FARRELL DOBBS

Quatre livres sur les grèves, les campagnes de syndicalisation et les campagnes politiques qui ont transformé les Teamsters du Midwest dans les années 30 en un mouvement syndical industriel combatif. Écrit par Farrell Dobbs, l'organisateur général de ces batailles des Teamsters et un dirigeant du Parti socialiste des travailleurs (SWP). 16 $ US chacun, série 50 $ US. La série est disponible en anglais et en espagnol. Le premier livre, *Rébellion Teamster*, est disponible en français, ainsi qu'en farsi et grec.

La continuité révolutionnaire

La direction marxiste aux États-Unis

FARRELL DOBBS

« Des générations successives de révolutionnaires prolétariens ont participé aux mouvements de la classe ouvrière et de ses alliés. Les marxistes d'aujourd'hui ne doivent pas seulement leur rendre hommage pour leurs actes. Nous devons également apprendre de ce qu'ils ont fait de mal et de bien pour ne pas répéter leurs erreurs. » — *Farrell Dobbs*. Deux tomes en anglais, 17 $ US chaque volume.

PATHFINDERPRESS.COM

LA CONTINUITÉ ET LE PROGRAMME COMMUNISTES

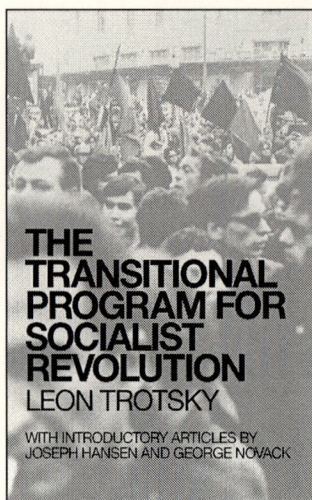

THE TRANSITIONAL PROGRAM FOR SOCIALIST REVOLUTION
LEON TROTSKY
WITH INTRODUCTORY ARTICLES BY JOSEPH HANSEN AND GEORGE NOVACK

Le programme de transition pour la révolution socialiste

LÉON TROTSKY

Le programme du Parti socialiste des travailleurs, élaboré par le dirigeant bolchevique Léon Trotsky en 1938, guide toujours le SWP et les communistes partout dans le monde. Le parti « combat sans compromis tous les groupements politiques accrochés aux basques de la bourgeoisie. Sa tâche : l'abolition de la domination du capitalisme. Son objectif : le socialisme. Sa méthode : la révolution prolétarienne ». 17 $ US. En anglais et farsi.

Le dernier combat de Lénine

Écrits et discours, 1922-1923

V. I. LÉNINE

En 1922 et 1923, V. I. Lénine, le dirigeant central de la première révolution socialiste dans le monde, a livré ce qui allait être son dernier combat politique — un combat qui a été perdu après sa mort. L'enjeu, c'était de savoir si le gouvernement révolutionnaire et le mouvement communiste mondial qu'il dirigeait maintiendraient le cours prolétarien qui avait porté les travailleurs et les paysans au pouvoir en Russie en octobre 1917. 17 $ US. En anglais, espagnol, farsi, grec.

Notre politique commence avec le monde

JACK BARNES

Les énormes inégalités économiques et culturelles qui existent entre les pays impérialistes et semi-coloniaux et entre les classes dans ces pays sont reproduites par le fonctionnement du capitalisme. Pour que les travailleurs d'avant-garde puissent construire des partis capables de diriger la lutte révolutionnaire pour le pouvoir dans nos propres pays nous devons guider notre activité avec une stratégie visant à combler cet écart. Dans *Nouvelle Internationale* nº 8. 14 $ US. Aussi en anglais, espagnol, farsi, grec.

Sont-ils riches parce qu'ils sont intelligents ?

Classe, privilège et apprentissage sous le capitalisme

JACK BARNES

Dans les luttes que nous, les travailleurs, mènerons contre les capitalistes, nous changerons peu à peu d'attitude envers la vie, le travail et chacun de nous. Nous découvrirons notre valeur, que nient les dirigeants et les classes moyennes supérieures, qui prétendent qu'ils sont riches parce qu'ils sont intelligents. Nous saisirons dans la lutte ce que nous pouvons devenir.

10 $ US. Aussi en anglais, espagnol, farsi, arabe, grec.

Le Manifeste communiste

KARL MARX ET FRIEDRICH ENGELS

Le communisme, disent les dirigeants qui ont fondé le mouvement ouvrier révolutionnaire, n'est pas un ensemble d'idées ou de principes préconçus. C'est plutôt la marche de la classe ouvrière vers le pouvoir, telle qu'elle surgit d'un « mouvement historique qui s'opère sous nos yeux ». 5 $ US. Aussi en anglais, espagnol, farsi, arabe.

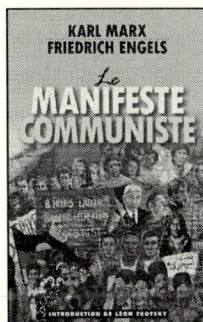

L'histoire du trotskysme américain, 1928-1938

Le rapport d'un participant

JAMES P. CANNON

« Le trotskysme n'est pas un nouveau mouvement, une nouvelle doctrine, écrit Cannon, mais la restauration, la renaissance du marxisme véritable tel qu'il a été exposé et appliqué au cours de la révolution russe et des premiers jours de l'Internationale communiste. » 17 $ US. Aussi en anglais et espagnol.

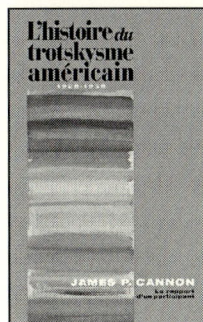

DÉFENDRE LES LIBERTÉS DÉMOCRATIQUES

En vertu de notre constitution, « Le peuple peut censurer le gouvernement, mais le gouvernement ne peut censurer le peuple. »
—James Madison, 1794

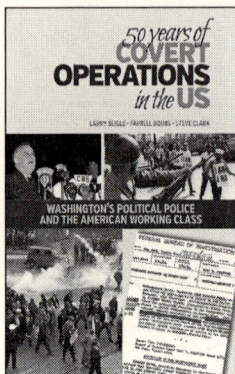

50 années d'opérations secrètes aux États-Unis

La police politique de Washington et la classe ouvrière américaine

LARRY SEIGLE, FARRELL DOBBS, STEVE CLARK

Comment les travailleurs ayant une conscience de classe ont défendu les libertés constitutionnelles et combattu les efforts des capitalistes pour construire un État de « sécurité nationale », essentiel pour préserver leur domination. 10 $ US. En anglais, espagnol, farsi.

Le socialisme en procès

Déposition au procès pour sédition de Minneapolis

JAMES P. CANNON

Le programme révolutionnaire de la classe ouvrière, présenté en cour fédérale en 1941, à la veille de l'entrée des États-Unis dans la Deuxième Guerre mondiale. Les accusations de « conspiration séditieuse », fabriquées de toutes pièces, visaient des dirigeants du mouvement syndical de Minneapolis et du Parti socialiste des travailleurs. 15 $ US. Aussi en anglais, espagnol, farsi.

Le FBI en procès

La victoire du Parti socialiste des travailleurs (SWP) dans son procès contre l'espionnage mené par le gouvernement

MARGARET JAYKO

Le compte-rendu d'une victoire historique dans la lutte pour les droits politiques, y compris le jugement de la cour fédérale de 1986 contre l'espionnage gouvernemental et des extraits des témoignages de Farrell Dobbs et de Jack Barnes, dirigeants du SWP. 17 $ US. En anglais.

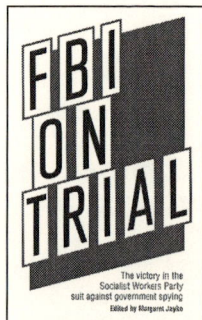

LA RÉVOLUTION SOCIALISTE CUBAINE

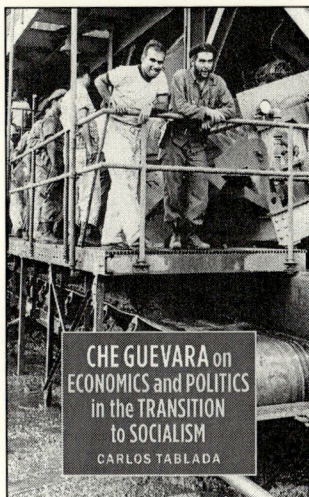

Nouvelle édition !

Che Guevara sur l'économie et la politique dans la transition au socialisme

CARLOS TABLADA

Il est essentiel que les travailleurs s'emparent du pouvoir d'État, a dit Ernesto Che Guevara. « Ensuite, il y a la deuxième étape, peut-être plus difficile que la première » : la transition du capitalisme, fondé sur la loi de la jungle, au socialisme. Comprend le discours de Fidel Castro de 1987 « Les idées du Che sont d'une actualité absolue et totale ». Nouvelle édition avec une sélection augmentée d'écrits de Che Guevara. 17 $ US. En anglais et espagnol.

Cuba et la révolution américaine à venir

JACK BARNES

Un livre sur l'exemple du peuple cubain, qui montre qu'une révolution est non seulement nécessaire, mais qu'elle est possible. Un livre sur les luttes des travailleurs et autres producteurs exploités au coeur de l'impérialisme ; sur les jeunes attirés par ces luttes ; sur la lutte des classes aux États-Unis, où les nantis méprisent les capacités révolutionnaires des travailleurs comme ils ont méprisé celles des travailleurs cubains. Et tout autant à tort. 10 $ US. Aussi en anglais, espagnol, farsi.

Notre histoire s'écrit toujours

L'histoire de trois généraux cubains d'origine chinoise dans la révolution cubaine

ARMANDO CHOY, GUSTAVO CHUI, MOISÉS SÍO WONG, MARY-ALICE WATERS

« Quelle a été la principale mesure pour combattre la discrimination contre les Chinois et les Noirs à Cuba ? Ça a été la révolution socialiste elle-même. » À travers l'expérience des auteurs, nous voyons comment des millions d'hommes et de femmes ordinaires à Cuba ont changé le cours de l'histoire et se sont transformés en le faisant. 15 $ US. Aussi en anglais, espagnol, farsi, grec, chinois.

PATHFINDERPRESS.COM

ÉLARGISSEZ VOTRE BIBLIOTHÈQUE RÉVOLUTIONNAIRE

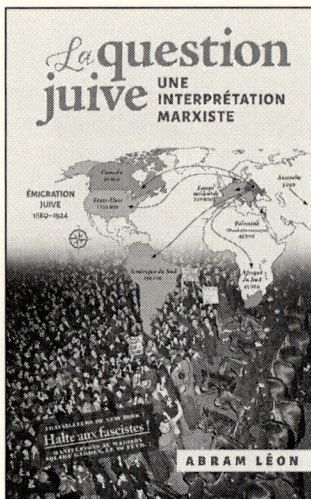

La question juive
Une interprétation marxiste
ABRAM LÉON

La lutte contre les forces réactionnaires visant à exterminer les Juifs reste au coeur de la politique mondiale, comme le montre le pogrom génocidaire d'octobre 2023 en Israël. Pourquoi la haine des Juifs montre-t-elle toujours son visage hideux ? Quelles en sont les racines de classe ? Abram Léon explique pourquoi il n'y a pas de solution « hors de la révolution prolétarienne mondiale ». Nouvelle introduction et 40 pages d'illustrations et de cartes. 17 $ US. Aussi en anglais et espagnol.

Le travail, la nature et l'évolution de l'humanité
Une vision longue de l'histoire
FRIEDRICH ENGELS, KARL MARX, GEORGE NOVACK, MARY-ALICE WATERS

Sans comprendre qu'en transformant la nature, le travail social est le moteur de l'évolution de l'humanité depuis des millions d'années, les travailleurs ne peuvent pas voir au-delà de l'époque capitaliste d'exploitation de classe qui déforme toutes les relations, idées et valeurs humaines. Seule la conquête révolutionnaire du pouvoir d'État par la classe ouvrière peut ouvrir la porte à un monde libéré de l'exploitation capitaliste, de la dégradation de la nature, de l'assujettissement des femmes, du racisme et de la guerre. Un monde construit sur la solidarité humaine. Un monde socialiste. 12 $ US. Aussi en anglais et espagnol.

Leur Trotsky et le nôtre
JACK BARNES

Pour diriger les travailleurs à la victoire dans une révolution, il faut un parti révolutionnaire de masse dont les cadres, longtemps à l'avance, ont intériorisé un programme communiste international, ont une vie et un travail prolétariens, prennent plaisir à faire de la politique et ont forgé une direction dotée d'un sens aigu de ce qu'il faut faire. Ce livre discute comment construire un tel parti. 12 $ US. Aussi en anglais, espagnol, farsi.

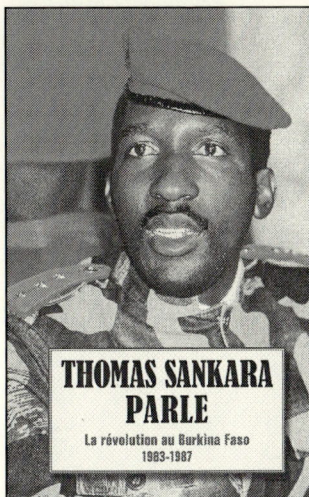

Thomas Sankara parle

La révolution au Burkina Faso, 1983-1987

Le gouvernement que dirigeait Thomas Sankara au Burkina Faso a conduit les paysans, les travailleurs, les femmes et les jeunes à apprendre à lire et à écrire, à creuser des puits, à planter des arbres, à bâtir des logements, à combattre l'oppression des femmes, à réaliser une réforme agraire et à se joindre à d'autres dans le monde pour se libérer du joug impérialiste. 20 $ US. Aussi en anglais.

Malcolm X parle aux jeunes

« La jeune génération de blancs, de Noirs, de bruns, de toute autre couleur, vous vivez une époque de révolution, a dit Malcolm en 1964. Quant à moi, je me joindrai à quiconque, je me fiche de votre couleur, veut changer la condition misérable qui existe sur cette terre. » Quatre discours et un entretien dans les derniers mois de la vie de Malcolm X. 12 $ US. Aussi en anglais, espagnol, farsi, grec.

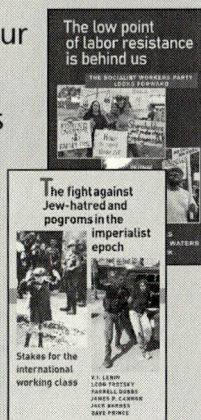

PATHFINDER DANS LE MONDE

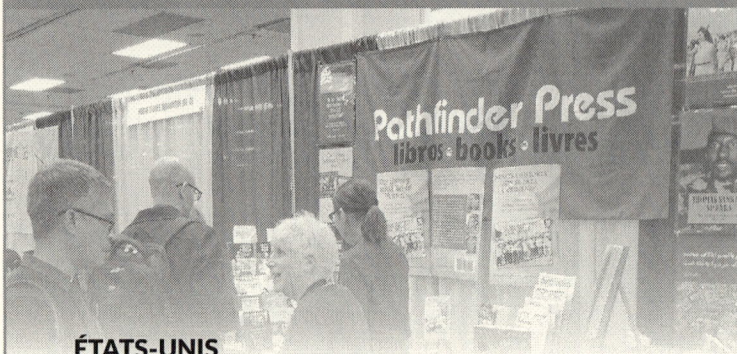

ÉTATS-UNIS
(et Amérique latine, Antilles et Asie de l'Est)

Pathfinder Books, 306 W. 37th St., 13th Floor
New York, NY 10018

CANADA
Livres Pathfinder, 7107, rue St-Denis, suite 204
Montréal, QC H2S 2S5

ROYAUME-UNI
(et Europe, Afrique, Moyen-Orient et Asie du Sud)

Pathfinder Books, 5 Norman Rd.
Seven Sisters, London N15 4ND

AUSTRALIE
(et Nouvelle-Zélande, Asie du Sud-Est et Pacifique)

Pathfinder Books, Suite 2, First floor, 275 George St.
Liverpool, Sydney, NSW 2170
Adresse postale : P.O. Box 73, Campsie, NSW 2194